47原則

服部周作

世界で一番仕事ができる人たちは
どこで差をつけているのか？

47 RULES

SHU HATTORI

ダイヤモンド社

THE McKINSEY EDGE
by Shu Hattori

Original English language edition published by McGraw-Hill Education

はじめに

世の中には、生まれながらに才能に恵まれた人たちがいます。

彼らは、さまざまな物事を写真のように鮮やかに記憶できるうえ、一度聞いただけのことも生涯忘れることがありません。スポンジのようにあらゆるものを吸収するので、本や人から教わる原則に頼る必要はないでしょう。

私は、そうした優れた人の対極にいます。何でもメモしておかなければ、すぐに忘れてしまうからです。会議の要点や、基調講演で聞いたフレーズ、思いついたアイデアに至るまで、ただ書き留めるだけでなく、覚えやすいように工夫した図表をつけて記録しています。それも、2冊の手帳を使い分け、1冊は日常的に走り書きのメモ用に使い、もう1冊はそれを整理した学習手帳として「ルールブック」と呼んでいます。

このように書き留めて整理する作業は、一般的に人が何かを習得する始まりであり、仕事における「学習」の第一歩だと思います。私の場合も、そのルールブックに溜めた勉強（知識）を実践で使うと、実践は「経験」につながりました。経験を重ねるうちに、それが自分の「能力」になります。能力は学習の最終ステージですから、その段階まで完全に習得したことは何があろうと失われることはありません。

本書は、このルールブックに書き溜め私自身が実践して成果が上がったと実感した仕事の進め方や、尊敬する社内外のリーダーがさりげなくこなしている効果的な手法を聞き出して、「47原則」にまとめたものです。グローバルの読者に読んでもらいたいと思い、まず2015年11月にアメリカで『THE McKINSEY EDGE』として出版することができました。今回、日本の読者の方にも紹介できることを本当に嬉しく思っています。

マッキンゼーで得た知恵の集積

そもそもルールブックを書き溜める習慣は、私が2008年4月に「ザ・ファーム」と呼ばれるコンサルティング会社マッキンゼー・アンド・カンパニーに入社して以来続けてきたことです。支社を移動し、ベンチャーの幹部を経てみずから起業した後、再びマッキンゼーに戻りました。そして、再入社から1年足らずでエンゲージメント（プロジェクト）・マネージャーに昇進し、計7カ国でさまざまなプロジェクトに関わってきた間もずっと続けてきた習慣です。

冷え込んだある朝のこと、私は社員食堂でこの「ルールブック」を見直していました。表現を磨いたり図表を整理したりして、過去のプロジェクトからあらゆる仕事に応用できる普遍的なルールにまとめ直していたのです。

そこへ通りがかった同僚から何をしているのかと尋ねられました。彼にルールブックを見せたところ、驚いた様子で「これを出版してみたら？」と言ったのです。このルールブックを自分以外の人に見せたのは、それが初めてのことでした。その時まで、私はてっきりみな同じようなことをしているだろうと考えていたのです。

最初は、ちょっと躊躇《ためら》いました。出版するほどの深い内容かどうか、自信が持てなかったからです。でも自分のルールブックを見直しているうちに、同僚の提案はそれほど突飛なものではない、とだんだん思えるようになりました。私がそれまで収集したさまざまな知恵を余すところなく分かち合うことは、かつての自分のように、仕事に悩み、苦しみ、「答え」を見出そうとしている人たちの役に立てるだろう。だとしたら、本を書く立派な理由になると思えたのです。

出版が視野に入ったことで、私が学んできた独自の知恵のほかに、同僚・先輩や経営者など約20人にも意見を聞いて、本書に盛り込むことにしました。「ずば抜けた成功を収めているリーダーたちにも、熱心に守っているルールがあるのではないか？」と考えたからです。予想通り、彼らはみな心に深く刻み込んだ黄金律を持っていました。その教えも本書の随所に織り込みながら、私は「自分が世に出そうとしているこの本は、ものすごく価値の高いものになる」と今度こそ確信したのです。正直に言って、私自身ももっと若いときにこのすべてを知っていたかった、と思うくらいです。

しかも、そうした抜きん出た人たちへのインタビューを重ねていくうちに、大事にすべき本質は本書で紹介する47原則に収斂されていくのがありありと分かりました。それ以上追加しようとしても、これぞという中身の濃い原則を見つけるには至らなかったし、そぎ落とそうにも、これ以下には減らせなかったのです。議論を進めるほど、ちょうど適当な数として落ち着くことがはっきりしました。正式なマニュアルとしては存在しませんが、突出して仕事ができる人たちが共通して実践している仕事のやり方こそこの47原則なのです。

考えてみれば、私が成長できた理由も自分が書き溜めてきたこの「ルールブック」にあったのでしょう。この指針に従って、自分でも気づかないうちに早い段階で誤りを正し、起こり得るトラブルに先手を打ち、学習曲線をひと足早く進むことができました。端的にいって、ルールブックのおかげで私はリーダーとして素早く判断を下せるようになったのです。「何を」すべきかはもちろん、「どうやって」すべきかも、このルールブックから学びました。

読者のみなさんも、本書を読むことで私と同じ恩恵が受けられるよう願っています。

大切なのは、学んだことをすぐに実践することです。私はいつも、自分で作ったルールを翌日か、次のチャンスが巡ってきたらすぐに実行するようにしています。今あなたにとって大切なことに集中し、がむしゃらにそれを実行に移してみてください。

最も忘れがたく難しい昇進

私が本書で紹介する多くのことを学ばせてもらったのがマッキンゼーであることは疑いようがありません。マッキンゼーで働く人は一般的に、社内の実際の肩書にかかわらず「コンサルタント」と呼ばれていました。本書では話を具体化して分かりやすくするため、また、成功の法則の全体像を捉えやすくするために、あえてマッキンゼーの社内的な肩書を多用しています。しかし、コンサルティングの世界に馴染みがない場合、「それぞれの職位が、どのような職務を担っているのだろう?」と疑問を持たれると思います。そこで、私が在籍当時のマッキンゼーの階層構造をここで簡単に紹介しておきます(**図A-1**)。

特に、特定のプロジェクトの責任者兼リーダーとして、みなに頼られる立場になり、一気に何段階も仕事をレベルアップしなければならないのが、この階層の中段に位置しているエンゲージメント・マネージャーになった時です。というのも、コンサルティング会社

図A-1　マッキンゼーの階層構造

職階	職務概要
ディレクター	新たな業務機能や業界に特化したサービス基盤を開発する。社の方向性を決定する。他のディレクターとともに共同株主として行動する。
プリンシパル	新規や既存のクライアントのプロジェクトを管掌する。ディレクターと協力する。チームに指示を与える。社の株を保有する。
アソシエイト・プリンシパル（AP）	複数の既存のプロジェクトの会議に出席する。新規顧客を開拓する。プリンシパルやディレクターの「弟子」として経験を積む。
エンゲージメント・マネージャー（EM）	日々のプロジェクト、チーム、複数の顧客の責任者への対応を指揮し、マッキンゼーのAP、プリンシパル、ディレクターの関与を橋渡しする。
アソシエイト（ASC）	複数の作業の流れを担当し、日々クライアントのプロジェクトに取り組む。
ビジネスアナリスト（BA）	ひとつの作業の流れを担当し、日々クライアントのプロジェクトに取り組む。

株主への転換（アソシエイト・プリンシパル→プリンシパル）

リーダーへの転換（アソシエイト→エンゲージメント・マネージャー）

※2015年11月現在。2016年にシニアレベルは名称変更された。

が提供する実に複雑で多岐にわたるサービス――なかでも、マッキンゼーは最も質の高いサービスを提供していて、数カ月を要するプロジェクトでは料金が数千万円以上にのぼることも珍しくありません――において1プロジェクトの全責任を負う立場として、「すべて君に任せたぞ」と指揮棒を手渡されるプレッシャーは生半可なものではないからです。

そして、だからこそ多くのマッキンゼー社員にとって、アソシエイトからこのエンゲージメント・マネージャーへの移行は、最も難しく、忘れがたい経験となります。実際、私以外の経験者も、エンゲージメント・マネージャーに昇格した時のことを次のように語っていました。

「エンゲージメント・マネージャーとして最初に学んだことは、文字通り悪夢だった」

そう話し始めたのは、本書をまとめるために会ったあるシニア・ディレクターです。

「あるプロジェクトで私の周りを固めるスタッフは、どう見ても複数のプロジェクトで手一杯のプリンシパル、ちょっと病んでいるアソシエイト、私の言葉をことごとく無視するもうひとりのアソシエイト、という面々でした。マネージャーとしてこれが初仕事で、なんとか全員を活用しなければと悪戦苦闘したものです。もう何年も経った今でも、数々の恐ろしい思い出が蘇ります」

また、別のプリンシパルは次のように言いました。

「エンゲージメント・マネージャーとして最初に作成した提案書のことは忘れもしません。過去のインタビューのまとめを作ってくるように頼んだところ、整理したり分析することもなく50件すべてを箇条書きにした使えない代物を作成してきました。それを見た瞬間『週末が潰れた』と思いましたね。彼にきちんとした考え方が欠けていたわけではないのですが……」

もちろん自分も完全無欠ではありませんが、自分だけで仕事が完結していた時とは大きく状況が変わります。さまざまな特徴をもつ凸凹のメンバーに仕事を任せてまとめていくうえで、こうした苦労話は実はよくあることではないでしょうか。多くの人にとって人生で初めて、否が応でもあらゆる責任を背負い込むと同時に、絶望的なほど手に負えない事態になるのです。

最終的なアウトプットとしての報告書はもちろん、最適な作業プロセスを設計したり、一人ひとりの意欲をうまく引き出しながら、やりがいのある仕事を割り振ったり、明けても暮れてもクライアントのニーズについて考えたり（あるディレクター曰く「シャワーを浴びている最中でも！」）、シニア・リーダーが矢継ぎ早に浴びせる最新情報を取り入れたり……、それはもう、押しつぶされそうなほどの重責です。

誰かの後ろに隠れているわけにはいきません。会議室に真っ先に入って行き、最後に出て行くべきは、他ならぬ自分自身なのですから。みんなが自分に指示を仰ぐので、「実践的な指示を即答」できなければなりません。しかし、ほとんどの初心者にとっては、飛行機が垂直降下していくような体験です。

しかし、「ＵＰ ｏｒ ＯＵＴ（昇進できない者は去れ）」という風土が徹底していたマッキンゼーでは、そうした過酷な状況を乗り越えサバイブできた人だけが、生き残りの戦術を体得できるのです。そうした厳しい環境で活きる戦術は、コンサルタントに限らず、多くのビジネスパーソンの方の日々の仕事に役立つはずです。ぜひ本書から体得してもらえればと願っています。

大切なのは低いゴールを設定すること

本書の構成を簡単に紹介しておくと、各原則について、初めに本質を説明し、次になぜその原則が大切なのかに焦点を当てていきます。さらに、いつ、どこで、どのように、どんな状況で実行すべきか、最もよく当てはまるエピソードとともに解説しています。

どの原則も、実践すること自体は難しくないと思います。ただし、「どの原則も明日から即実行できるけれど、本物の能力として完全に習得するまでには時間がかかる」ことを忘れないでください。

そして、すべての原則を、一度にマスターするのはおそらく不可能です。何度かに分けて習得できるように計画を立てましょう。実践が経験を作り上げ、最終的に積み上げた経験が能力につながっていくんだ、と常に肝に銘じてください。

では、各原則が血肉となるよう体得するうえで、コツはあるのでしょうか。

経営幹部のコーチングで20年以上の経験を持つ、その道の達人によれば、何かを学んで習得し大きな成功を手にするためには「秘訣」があるそうです。

肝心なのは、最初は簡単に達成できるような「極めて〝低い〟ゴールを設定すること」

だ、というのです。

例えばダイエットする時に、どのような目標設定が効果的でしょうか。初めから「週5回は運動する」と決めてやり抜きますか。いいえ、「週1回」にしておくのです。それでも難しいと感じる場合は「週1回、仕事から帰宅する際にタクシーや地下鉄を使わずに歩く」など、さらに実践のハードルを下げてみてください。

「大切なのは徐々に目標を上げていくことだ」と、彼は力説していました。

本書の原則も同じく、適切に〝管理する〟ことが重要です。管理するというのは、「高い目標を漏らさず実践するようチェックする」ことではありません。小さなステップを着実に積み重ねられる計画を立てて「実現する」ところにポイントがあります。それこそが、最終的に真のリーダーへ大きく飛躍する第一歩なのです。


さあ、肩の力を抜いて、早速スタートしましょう！

※本書で紹介する人物や企業はすべて実在しますが、実名は伏せています。

目次

第2章 コミュニケーション上手になる

第3章 生産性を極限まで高める

第4章 持続的な成長を実現する

第5章

第1章

Chapter one:
Building the Better Self

「道を知っていることと、
実際にその道を歩くことは、別物だ」

――モーフィアス、映画『マトリックス』より

「道を知ることと、実際にその道を歩くこととは別物だ」

これは、1999年に大ヒットした映画『マトリックス』(ウォシャウスキー兄弟監督)で、主人公のネオ(キアヌ・リーブス)が「自分は選ばれた『救世主』ではない」と真実を告げようとした時、モーフィアス(ローレンス・フィッシュバーン)が言った言葉です。当時17歳だった私はこのフレーズに衝撃を受け、おぼろげながら次のように悟りました。

人生において望むものを手に入れるためには、たとえ自分があらゆる条件に恵まれ、目的地に到達する方法の一部始終を知っていたとしても、困難で辛い道のりになることはもちろん、想像を絶する努力が必要なのだ——。

そこで第1章では、モーフィアスのいう「道を歩く」ために必要な自己改革を中心に話を進めます。

自己改革というと一般的には、欠点や弱点に注目して矯正することに力点を置く場合が多いのではないでしょうか。しかし本章に挙げる原則では、弱点よりむしろあなたの長所が最大限に発揮される、もっと積極的なアプローチに焦点を絞っています。

私自身、「成長」というのは行きあたりばったりの旅のようなものだろう、と長い間考えていました。成長できるか否かは、本人の〝運〟次第だと思っていたのです。しかし後になって、鍛えるべき分野を見定め、自己改革の仕組みを自分で整えられることを知りました。若いうちから意識的に〝成長〟できれば、それに越したことはありません。そのために必要な3つのテーマについて、本章で紹介していきます。

先手を打つ

Get Ahead

原則 1

きつい仕事は午前中に片付ける

…難しく後回しにしたい仕事は午前中に取りかかり、生産性を高めます。

原則 2

すべての問いに30秒以内で答える

…あらかじめ回答を用意し、短い回答で段階的に相手の注意をグイグイ惹きつけるコツをマスターしましょう。

原則 3

アウトプットをイメージする

…アウトプットのイメージを早め早めに作る習慣を身につけ、さまざまな利害関係者の信頼をできるだけ早く獲得してください。

原則 4

前半戦が勝負の分かれ目、序盤に全力を注ぐ

…重要項目を中心に、第1週目にできるだけ多くの仕事をこなせば信用と信頼を盤石にできます。

原則 5

小さなサインを見逃さず、大きな成果を上げる

…日頃の生活にパレート分析(80:20の法則)を取り入れます。

原則 6

本当に重要なポイントを見逃さない

…漫然と業務に取り組むのではなく、常に意識を研ぎ澄まし、自分が行っていることは何か、また、それが自分自身やその課題にどのような付加価値を与えるのかを認識してください。

原則
1

きつい仕事は午前中に片付ける

古今東西で言われる「早起きは三文の徳」は、昔から広く実証されてきた真理です。早朝は静かで平和なひと時であり、誰にも邪魔されない時間です。大抵の人はまだ寝ているので、早起きすると自分がちょっと誇らしくなります。美味しいコーヒーをカップに注ぎ、「さて、ひと仕事するか」とデスクにつきます。

さて、そこで質問です。

こういう早朝の時間帯は、どんな仕事をするべきでしょうか。

答えは……「難しいこと」。

では、難しいこととは何でしょう？

あなたの「やることリスト」中で〝難しいこと〟とは？

- 一番やりたくない仕事
- 結果が出るまで時間がかかり、簡単に達成できない仕事

・しっかり手応えが感じられるように、午後じっくり3〜4時間かけてやりたい仕事
・細心の注意を払うべき仕事
・辛くて苦しい仕事
・取り組み方があまり分かっていない仕事。おそらく周囲の助けが要り、着手してからじっくり考える必要があるもの
・早めに始めて一部を他の人に振らないと、後になって全部自分でやる羽目になる仕事

こうした〝難しいこと〟を早朝に片付けるべきだとすると、具体的にはどんな仕事がそれに当たるのか考えてみましょう。

早朝やるべき仕事の一例：一般的に、創意工夫や創作や想像力を必要とする仕事
・エグゼクティブ・サマリー（報告書の重要事項の要約）を書く
・次の3カ月間のプロジェクトの作業要素とスケジュールを作成する
・報告書などのアウトプットを作成する
・CEOや経営幹部を対象としたワークショップ用に重要資料の草案を作る
・チームメンバーの仕事に新しい指示を与える

・行動を要請するメールの下書きを書く

いわゆる単なる作業でなく、「考える」ことが必要な仕事といえそうです。

では、逆に早朝にしなくてよい仕事というのはどのようなものでしょうか。

早朝やらなくてよい仕事の一例：何かを変更したり修正したり削除する以外の仕事

・何かを編集する
・書類を校正する
・プレゼン資料に補助的な文章やスライドを追加する
・メールや依頼に返信する
・プロジェクトメンバー全員のメールの連絡先リストを作るなどの単純作業

では、こうした早朝すべきでない仕事（でも必要な作業）は一体いつこなしたらいいでしょう？

答えは「夜」です！ ハードな1日が終わると、夕食の頃にはかなりバテているはずです。夜の時間帯も静かですが、チームやクライアントからの報告に目を通したり、大切な仕事に集中したり、難しい問題を取り上げたり、創造力を働かせたり、将来のことを考えたりする精神的な余裕はありません。とにかく脳を休めたいはずです。夜の時間に一番ふさわしいのは、受動的で、あまり頭を使わない仕事です。

若い時ほど早起きは一目置かれる

さて、早朝を活用するには、最初に「早寝早起き」のバイオリズムを作らなければなりません。このことが、一流のリーダーに飛躍するための重要な習慣であることは、あなたもいずれ分かると思います。

実際、世界的に活躍している著名なCEO21名の毎日の起床時間をざっと確認したところ、彼らの80％は午前6時以前に起きています。[*1] 一番の早起きはフィアット・クライスラー社のCEOセルジオ・マルキオンネで、ヨーロッパ支社に対応するため午前3時半に起床しています。ヴァージン・グループ総帥として著名なリチャード・ブランソンとスターバックス社のハワード・シュルツの起床時間は、それぞれ午前5時45分と5時ちょうどでした。

ほかにも、AOLのティム・アームストロング、メディアドットコムのカレン・ブラケット、エリクソンのハンス・ベストバーグ、GEのジェフ・イメルト、ゼロックスのアースラ・バーンズ、ペプシコのインドラ・ヌーイ、ディズニーのボブ・アイガーなど錚々《そうそう》たる面々が同じように早起きをするといいます。

年齢的にいえば若ければ若いほど、早起きして仕事をこなすことにより一目置かれる可能性が高くなります。誰もが昔は若かったので、若い人にとって早起きがいかに難しいことかよく分かっているからです。

加えて、早起きして難しい仕事をこなすことは、科学的に見ても筋が通っています。体温は昼間は上下0・5度程度の変動があり、午後6時半〜7時頃を過ぎると低下し始めて、午前4時半頃に底を打ちます。そして再び上昇を始め、起きる時間だ！と知らせるのだそうです。頭の働きは身体とは逆で、低温のほうが冴えるため、朝早い時間に難しい仕事をやるというのは道理にかなっているというわけです。

朝から仕事をするという新しいスケジュールに慣れるまで、ある程度の時間がかかります。でも、あなたの仕事への取り組み方は様変わりし、何倍も生産性が上がるはずです。

私自身にも、朝を活用した成功体験があります。あるプロジェクトで、アフターセールスの責任者が日中は非常に多忙で、まともにやりとりできる時間帯がなかったことがありました。そこで、彼と私は1階のコーヒーショップで連日7時15分に待ち合わせ、在庫や入荷待ちに関して生じていた問題について話し合いました。あれほど素晴らしく効率的な

30分は、ほかに経験したことがありません。数カ月前にばったり出くわした時、彼はいまだにあの時の戦法に感心していました。しかも、たった1度のその出来事がきっかけとなって、私たちは良い友人にもなれたのですから幸運でした！

波に乗れない朝、やってはいけない3つのこと

そうは言っても、どうしても集中できず波に乗れない朝もあります。早起きしても、仕事に取りかかる気分になれないのです。

そんな朝のためのアドバイスは3つあります。

- 行動を要請するメールを書かない
- チームメンバーの仕事に指示を与えない
- プランを立てない

やる気が出ない朝にこの3つの戒めを破ると、いずれも創造性の低いアウトプットを作ってしまい、必ずミスをしてやり直しをする羽目に陥ります。また、やる気が出ない時は単純作業に走りたくなるかもしれませんが、それもオススメできません。単純作業を続け

ても脳が活性化しないからです。

そんな悲惨な朝は、まず読書をしてはどうですか。ビジネス書を手に取り、お気に入りの一節を読み始めてみてください。5～10分以内には、本来やるべき仕事に取り組まなければ！　という衝動が沸き起こるはずです。

原則
2

すべての問いに30秒以内で答える

経営幹部クラスの人たちに一瞬で好印象を与える方法があります。

それは、過不足ない内容で短く回答すること。私自身は「すべての問いに30秒で答える」ことを、自分に課しています。

例えば、複数のインタビューで得られた大量の情報を素早く理路整然とまとめて話すのは、非常に難しいことです。まとめは詳しすぎてもいけないし、大まかすぎたり難解すぎても不十分です。また、聞き手が理解できるように、専門用語に解説を加えるなどして答えを調整する必要があります。マッキンゼーのシニア・ディレクタークラスになると、即座に聞き手に波長を合わせて話せる、まれな能力を持っていました。

まずは、内容の濃い多くの情報を、ごく短時間で伝えようとするのは非現実的だ、と肝に銘じて、いくつかのルールを学ぶことが大切です。

多くの情報を手短に伝える3つのルール

第1のルールは、「再クリック」理論を理解すること。

電子商取引サイトで製品に関するコメントや推薦文を読んだり、ベストセラー本のごく短い要約を読んだりする場合を想像してください。この手の文章は、興味を引かれるきっかけにはなっても、全容を知るにはまったく不十分です。だからこそ、さらなる情報を求めてリンクを再びクリックすることになります。この心理を利用してください。あくまで30秒の回答ですべてを伝えようとしてはいけません。相手が興味を持つトピックに、注意を呼び起こすきっかけを与えることに集中しましょう。

第2のルールは、主たる質問を分解する習慣を身につけること。

別の例を挙げましょう。経営幹部から「プロジェクトはどんなふうに進んでいますか?」と聞かれたとします。あなたは、進捗について漫然と答えるのではなく、すぐに相手の立場に立って相手が知りたいことは何かを考えてください。この場合、おそらく次に挙げる

4つの具体的な質問に沿った内容になるでしょう。

1　プロジェクトは全体的にどんな状況か、良いか悪いか？
2　1で回答した状況を示す2〜3の事例は何か？
3　問題について自分はどう対処するつもりか？
4　相手の重役はどんな点で力になれるか？

具体的な質問を考えるために一番良い方法は、代数の等式に当てはめてみることです。主たる質問（A）に対して意味のある回答をするためには、A＝x＋y＋zのような等式で「基本変数（x、y、z）に何を用いればよいか？」というふうに考えるのです。一般的な指針として、「利害関係者、プロセス、スケジュール」を何らかの形で用いると、相手の質問を分解して具体的に回答するのに役立ちます。

第3のルールは、自分の回答について常にダーツのように考えること。

ダーツボードの一番内側の円〝ブルズアイ〟を狙うのではなく、初めは一番外側のリングから狙います。というのも、最初から的外れな質問をして相手を失望させる危険を避けるためです。といっても、相手がまるで関心のない話から始めてもいけません。「御社の属する〇〇業界でいえば……」など、相手の興味を惹くヒントを話に盛り込みながら、一番外側のリングから素早くブルズアイに焦点を移すことを意識してみてください。

これらのスキルを身につけるには訓練が必要ですが、あなたが今日から始められる具体的な練習方法があります。

まず、答えを前もって用意しておくことから始まります。

例えば、スポーツ用品メーカーのＣＥＯと一緒にランチをとった時のことです。話題は、主にリーダーシップの育成でした。ＣＥＯに「他にどんな仕事をしているか」と尋ねられたので、最近講演をしたことを話すと「トピックは何か」と聞かれました。「中国で組織が直面している課題に関することだ」と答えると、ＣＥＯは「その組織の課題とは一体何だ?」と質問してきました。

これに対する回答は長くなるので、私はまず選択肢を提示しました。手短に骨子《こっし》を添えながら、４つの課題を挙げたのです。すると彼は「従業員が定着しない問題は、金銭的な報酬が最大の要因ではない」というトピックに注目しました。実は、従業員の定着や研修や育成に相手が興味を持つだろうと予想していたので、私はこのトピックを最後に挙げたのです。

「質問を数段階まで先回りする」練習は、将棋を指していて相手の動きを数手先まで読むのと似ています。

最後に、30秒で回答する訓練をするべき理由を挙げておきましょう。

1　相手の望むことを敏感に察知する能力が発達する
2　情報を整理するスキルを訓練できる
3　発表者としての腕が上がる
4　無意識のうちにCEOレベルにまで頭が鍛えられる

原則3

アウトプットをイメージする

あなたの乗る飛行機の操縦室から「あと30分で着陸します」とアナウンスがあったと想

像してみてください。「やれやれ」とあなたは心のなかで考えます。観ている映画は残りあと50分。

さて、どうしますか？

おそらく、映画を早送りして、終盤まで急ぐのではないでしょうか？　そして着陸のために電子機器の電源を切るべき時間が来たところで、ぎりぎりセーフで映画が終わります。「やったー！」とあなたはにっこり。ヒーローの大活躍を見届けることができました。

仕事においても、〝終わり〟が見えていることは大切です。終了をはっきり実感できると達成感を覚え、スッキリします。逆に終わりが見えないと、中途半端な感じがします。

別の例を挙げましょう。あなたはマッキンゼーを雇い、コンサルティング業務を依頼しました。途中経過として未完の報告書があがってくるとしたら、次のどちらが望ましいと思いますか。いずれも全50ページのうち、半分相当がいまだ完成前で白紙だとします。

1　初めからコツコツ執筆を重ねた状態で、前半の25ページだけが完成し、後半の25ページが真っ白の状態

2　最初と最後の5ページずつは完成しているが、ところどころに全部で25ページ分の

白紙がある状態

あなたは、おそらく2番を選んだことでしょう。もちろん、現実にマッキンゼーが未完成のアウトプットを提出することはあり得ません。しかし、仮に3カ月のプロジェクトの場合なら、すでに1週目が終わる頃には、2番程度の完成度の書類が社内限りで回覧されていた、と申し上げたら驚かれるでしょうか。そのぐらい、マッキンゼーにいた頃は、プロジェクト終了時のアウトプットのイメージをできるだけ早期に構築するように心がけていました。

この2つの明白なシナリオから言えることとは、早くから結末を織り込んだプロジェクトの全貌を提示することが重要だ、という点です。映画で途中の場面をいくつ飛ばそうが結末を観たいと思うように、ビジネスのプレゼンテーションでは、結果がどうなるかを絶対に知りたいと思うものです。人は待たされると苛立ちます。だからこそ、いつでもアウトプットのイメージを作れるようになることが大切なのです。

マッキンゼーではこのアウトプットのイメージを「ダミーチャート」と呼び、プレゼン資料全体を「ゴーストデッキ」と呼んでいました。完成させたい最終形が分かっていることを指すこの言葉をコンサルタント全員が共有しています。アウトプットのイメージが不鮮明だと、コンサルタントはすぐに問題提起します。逆に若手コンサルタントは、アウトプットのイメージをシニア・リーダーに検証してもらい、根拠薄弱なものにならないように確認します。多くの無駄や、実は必要性のない仕事が省かれるためです。

自分の目標を熟知しよう

トーマス・エジソンは、1000件以上の特許を取得した伝説の発明王です。この天才発明家を心に描く時、才能に勝る「勤勉さ、試行錯誤の学習能力、活力」を備えた人物像が誰の心にも浮かび上がるのではないでしょうか。エジソンの有名な発言「天才は1%のひらめきと99%の努力」は老若男女を問わずよく知られるところです。

しかし、エジソンがあれほど強い確信を持って成功を追求できたのは、単に粘り強く、努力家で、運に恵まれていたからではなく、アウトプットを心に描く能力があったからだと思います。完璧で実用的な白熱電球とはどんな姿であるべきか、エジソンはすでに知っていました。彼がすべきことは、1万回の失敗を乗り越えて、アウトプットに到達することだけだったのです。

エジソンは未来を予測する天才で、それが彼の強みでした。

仮に、あなたがビジネスを立ち上げようとしているとしましょう。あなたはクッキーを販売しようと考えています。そこへ未来からやってきた誰かが、99%の確信を持って「あなたのチョコ・アーモンド・ダブルディップ・クッキーが大流行する」と言ったら、あなたは起業するでしょうか。たとえ辛く、困難な状況が待ち受けているとしても？

もちろん、起業するでしょう。なにしろ、夢のような成功が手に入ることが分かっているわけですから。そうなると、仕事はもはや仕事だと感じられなくなります。

アウトプットのビジョンを描くことに関して、エジソンのさらにすごい点は、製品を完成させた時点でビジョンが終わることなく、多くの消費者が自分の電球を使っているところまで見据えていたことです。つまり、製品の商品化が最終ビジョンだったのです。これこそ、エジソンがほかの発明家より際立っている点でしょう。彼は特許を取得するために懸命に戦いました。特許が副収入と独占権をもたらしてくれると知っていたからです。[*2]

自分の目標を熟知していると、より良く、より早く、より果敢に仕事を進めることができます。一般的に、「会社のビジョン」を説明する際に効果的なのがトップダウン・コミュニケーションという手法です。トップダウンとは、まず言いたいことの全容をその名の通り「上から」明かします。レゴで例えるなら、徐々にパーツを組み立てていくのではなく、最初から組み上がった物体を見せてしまいます。そのためには、前もってアウトプットである「答え」を準備しておく必要があります。話すトピックがAからBへ、さらにC

へとだらだら話し続けると要点がぼやけてしまいますが、あらかじめ「共有化したいことが3点あります。それはA、B、Cです」と言えば明瞭になり、賢明な提示の仕方です。

原則 4

前半戦が勝負の分かれ目、序盤に全力を注ぐ

「どんなプロジェクトでも、初日は最終評価日と同様にクタクタになるような1日でなければいけない」

今は能力開発ディレクターをしているマリアは、そう言っていました。

というのも、チームやクライアント、シニア・リーダーなど、すべての利害関係者から見た、あなたの印象の大部分が決まるのは第1週目なので、そこで優秀なところを見せなければなりません。だからこそ、この期間に〝肉体的にも精神的にもできるだけ多く〟を投入するのが鉄則だというわけです。この点は、話を聞かせてもらった多くの人が非常に鮮明に意識していたようでした。突き詰めると、マッキンゼー社員が「最初の1週間で答えを出す（preparing the one-week answer）」と言っていたことに当たります。

図1－1を見てください。曲線の下の領域は「成果」、つまり完成させた仕事を表しま

図1-1　プロジェクトの序盤に全力を注ぐ

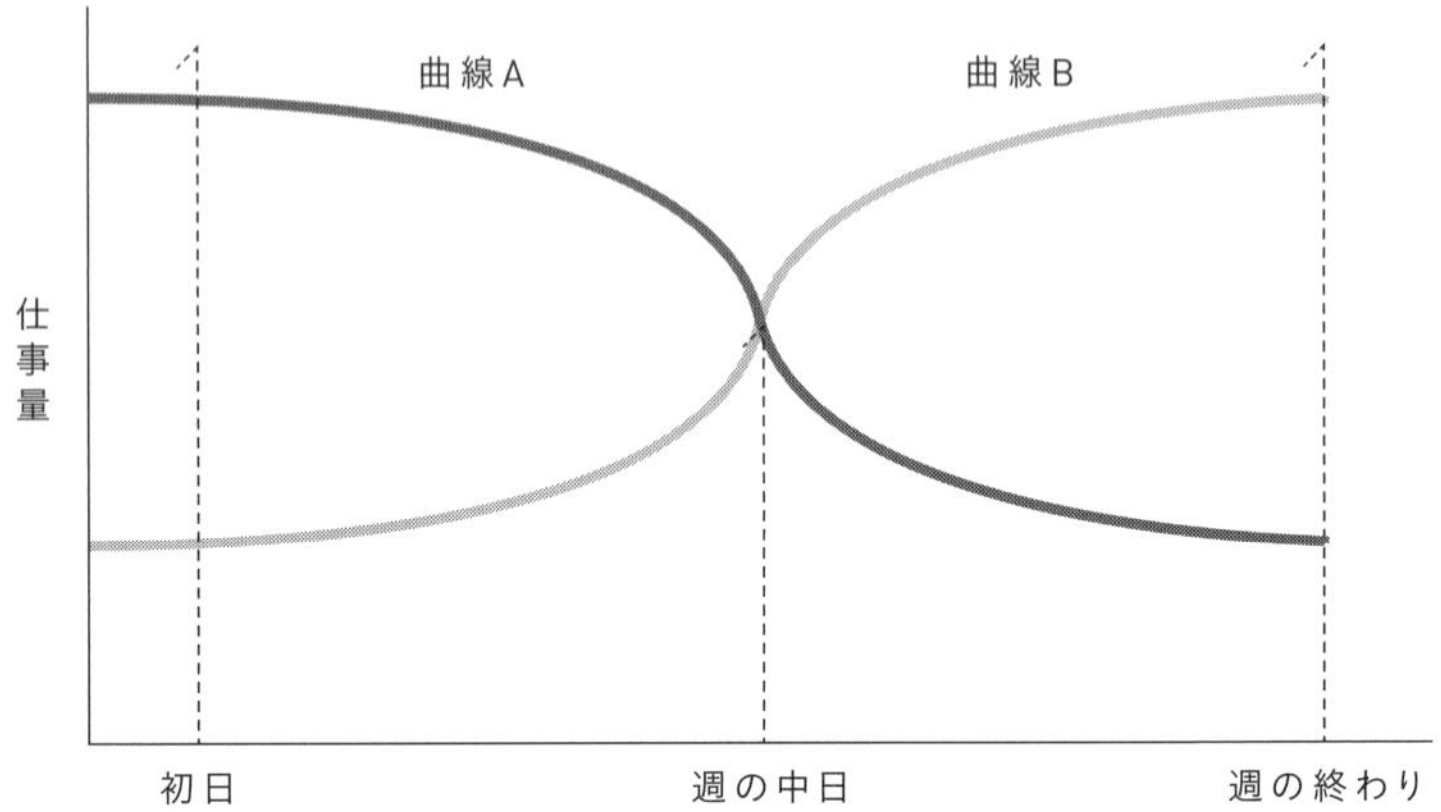

曲線Aのように、初日からいきなり最大の生産性を発揮し、週の終わりまで波に乗るのが理想的！

す。曲線Aでは第1日目をピークに成果が素早く蓄積されますが、曲線Bでは生産性が徐々に高まり後半でピークに達します。理論上、この2本の曲線とも仕事量（=曲線の下の領域）は同じですが、意味合いはまったく違います。クライアントやシニア・リーダーが喜ぶのは、Bよりも断然Aのケースなのです。

プロジェクトの序盤に全力を注ぐと、仕事の覚えが早く、学んだことを実践に適用でき、自分なりの流儀を確立していることを印象づけられます。

経営人材コンサルティング業を営む世界的な優良企業であるエゴンゼンダーには、マッキンゼーの元コンサルタントが多数経営に参加しています。同社の上級ヘッドハンターから聞いた話では、覚えが早く、かつ実行が早いのは類まれな才能なので、そういう人は早期に経営幹部の一員になる可能性が高いということです。実際、業界やビジネスの状況が目まぐるしく変化している現在、非常に需要の高いスキルです。したがって、あらゆる仕事において序盤に力を発揮するコツを習得していることは、明らかに将来有望な印です。

では、プロジェクトの序盤に全力を注ぐにはどうしたらいいでしょう?

実は、第1週目に押さえておくべきキーポイントがあるのです。それが以下に挙げる6つです。「『x』と『y』は後回しにしよう」などという意識でプロジェクトに取り掛かってはいけません。今できることであれば、どんどん終わらせてください。

〉1〉シニア・リーダーにできるだけ多くの時間をとってもらう

理想的には、プロジェクトの開始から数日以内にシニア・リーダーの時間を少なくとも2~3時間もらっておくといいでしょう。シニア・リーダーのアシスタントに確認して、時間を確保してもらってください。重要なのは、「これは大切なことだ」とあなたが明確に意識することです。

なぜ、非常に早い段階での打ち合わせが絶対不可欠なのか。その利点は3つあります。

1　成果や、プロジェクトの段取り、細々したことを早めに決定できる可能性が上がる
2　信頼性が高く、覚えが早く、すぐに成果を出せる人として一目置かれる
3　早い段階で有益なアドバイスをもらえる

2 アウトプットのイメージと作業計画を完成させておく

あなたはリーダーとして、的外れな業務をみんなに与えてはいけません。仮にあなたの指示に従ってチームメンバーが何時間もかけて作った図表を結局使わなかった、ということがあれば、信頼を一気に失ってしまいます。そこで、自分の筋書きを固守することが大切です。スケジュールを作ってざっくりと概略をつかみ、チームがコツコツ進めていけるように、分かりやすく分類された作業計画を作りましょう。

例えば、ある多角化企業をクライアントとして成長と戦略のプロジェクトを実施した時、指針とした質問は次の3つだけでした。

1　現在のクライアント企業の業界内における位置づけ
2　将来、クライアント企業が進出し、競争し、事業を成長させるべき分野
3　構築すべき能力や、必要とする資源

3 疑問に思うことは、すぐに質問する

私たちはとかく恥ずかしさや見栄が先に立って「物を尋ねると、自分の無知や弱点を露呈することになる」と考えがちですが、実際はその逆です。

ただし、覚えておくべき質問のコツはあります。〝使えないヤツ〟に見えないような質問の振り方やタイミング、枠組み、伝え方を心得ておきましょう。

第1には、早い時点でさっさと質問してしまうことです。

「安心して」質問できるのは最初の1週間だけと心得てください。

マッキンゼーのコンサルタントたちは、キャリアのごく早い時期にこのコツを身につけました。なぜなら、1度言われたことは、2度と繰り返してもらえないからです。

第2に、尋ねにくい質問はコーヒータイムなどの気軽な場でしましょう。

多忙な週に休みを数日取りたい、などの個人的な要望や相談事のことです。率直にオフレコで話し合うほうが、相手にとっても楽です。こういう質問は、メールなどで尋ねても微妙なニュアンスが伝わりにくく、返事をくれない人も多いので、書面で聞かないようにしましょう。自分が大事だとかシリアスだと思っていることほど、伝える場や伝え方を間違えてはなりません。もし作法が分からなかったら、先ほどの「さっさと質問する」を実

践します。

第3に、「事実を確認するタイプの質問（Fact-Base Question）」は、その件について話し合っている最中で至急知る必要がある場合を除き、優先順位を下げます。

事実に基づく質問は比較的答えを見つけやすく、自分の時間にできるからです（質問の分類については、「原則18：難しい質問に答える前に3秒の間をとる」の項を参照）。

例えば、あなたが参加しようとしているプロジェクトのために、陽子線治療について詳しく知りたい場合、とりあえず1行程度の簡単な説明で理解しておき、その夜ユーチューブのビデオを見るなどして、後で詳細を調べるほうがいいでしょう。

最後に、どの質問を尋ねるべきか、優先順位を決める感覚を養うことです。

急を要する内容として、私が留意している質問の例を次に挙げます。

- プロジェクトの見通しに関わる質問：経験豊かな利害関係者は誰か
- 利害関係者と熱意に関する質問：人間関係の課題は何か
- プロジェクトの範囲と目標とするアウトプットの整合性に関する質問：「最良の」シナリオとは？
- リスクと制約に関する質問：主たる落とし穴にはどんなものがあるか

4 チームメンバーの簡単な適性評価を行う

適性評価の方法には、大きく2種類あります。まず、一緒に仕事をしたことのある人たちに電話をかけ、プロジェクトが始まる前にメンバーの長所と成長のニーズを詳しく確認することです。次に、プロジェクトの初日に各メンバーと1対1で30分間話し合い、プロジェクトの内容ではなく、各メンバーの知識とモチベーションを明らかにしておくのです。おそらく、チームメンバーはプロジェクトについて何かアイデアがあるはずなので、前述2の最終的なアウトプットや行動計画が完成し、前述3の質問の答えが出たら、プロジェクトの範囲や責務、必要な作業について別途話し合う機会を設けてはどうでしょうか。

5 必要なすべての会議の予定を組む

必要なすべての会議の日程は、第1週のうちに確定しておくべきです。これは、クライアントに仕えるコンサルタントにとって特に大切なことかもしれません。しかし、進捗状況の評価会議やワークショップに最適の日取りを確保することは、どんなプロジェクトにおいても一番の関心事でした。芝居やコンサートのチケットを予約する場合と同じように、早ければ早いほど良い席が取れます。

また、この時点で先手を打って手配しておくメリットがもうひとつあります。それは、大事な日時までどれだけ時間があるか、どれくらいの人員をやりくりしなければならないか、実感が湧くことです。例えば、第1回の進捗状況の評価会議まで12営業日しかないと分かることが、「準備が整うまでにもっと時間がかかりそうだ」と認識するのに一番手っ取り早い方法かもしれません。会議の予定を組むと、計画が本当に大局的に見えてきます。

6 他の人に任せられる仕事はためらわず任せてしまう

第1週目に成果を印象づけるには、プロジェクトの初日を終えたら、次のように自身に問いかけてみてください。

「今すぐ寝られない唯一の妨げになっている仕事は何だろう。そして、それを片付けるために私が取るべき行動とは？」

「自分以外の人にこの仕事ができるだろうか？」とみずからに問いかけるのです。あなたの仕事の成果にあまり直結しないものは任せてしまえばいいのです。

例えば、インターネットの接続を直すこと、利害関係者のメールと電話の連絡先リストを作ること、雑支出を支払うこと――そうした雑務を洗い出し、誰か他の人に任せられないか考えましょう。遠慮してはいけません。あなたにはこの第1週にやるべきことが山積みです。前述の1～5の最重要分野だけに集中して取り組みましょう。

あらゆることでスタートダッシュをかけることは、ビジネスパーソンとしてサバイブするための手段です。この序盤でアピールする原則が役に立つのは、なにもプロジェクトに限ったことではありません。あなたのキャリアを通じて、さまざまな場面でこの原則の本質を活かせると思います。

例えば、新しい拠点に異動になって支社を開設するよう命じられたり、新たな国に次の流通センターを建設することを任命されたりという場合、第1週目にできるだけ攻めの姿勢を貫いてください。その結果、誰にも真似できない、際立った信頼と信用と自信とが築き上げられるでしょう。先延ばしせず、機会を逃さず実行することが大切です。

原則
5

小さなサインを見逃さず、大きな成果を上げる

あなたの得意なことは何ですか。または、長所は何でしょう？

少し時間をとって書き出してみてください。

昔、研修で「自分を言い表す形容詞を100個書き出す」という宿題がでました。100語などそう簡単に思いつくものではないので、かなり骨が折れましたが、指示通りやりました。すると次に、研修の講師は「自分に一番ふさわしい単語をいくつか丸で囲み、その中から最終的に一語を選ぶように」と言いました。

私が最終的に選んだのは「面白い」という形容詞でした。私は面白いことをしたり、面白い人たちに会ったり、面白い場所に行ったり、面白い人生を送ることが好きです。

例えば、私は第3の言語として何年もかけて中国語を学びました。非常に苦労はしましたが、私を常に突き動かしていたのは「新しい言葉を習得するというのはどんな感じだろう？」という好奇心でした。今ではネイティブ並みの発音を習得し、中国語を話すことが「生来の能力」であるかのように感じられます。私にとっては学ぶ苦しさより、言語を習得する面白さのほうがずっと大切だったからこそ、このレベルまで到達できたのだと思います。

こんなふうに、自分の本質や得意分野や長所を伸ばす方法について、リーダーの地位に上り詰める人たちほどより深く理解しています。当たり前のように実践している人が多いでしょう。

加えて強調したいのは、さらにあなたを際立たせるにはコツがある、ということです。長所を伸ばすには中長期的な努力が必要ですが、今からお伝えするのは、日々のちょっとした工夫で短期的に周囲にインパクトを残せる方法です。

なぜ、インパクトにこだわるのかといえば、〝突出した成果〟を印象づける必要があるからです。特にマッキンゼーではこれが重視されており、コンサルタントのキャリアを通じて、各プロジェクトの成績評価の後と、6カ月ごとの人事考課レビューで、必ず〝突出した成果〟について考えるよう義務づけられていました。

プロモーション（昇進）を早めるためには、〝very strong（優秀）〟では不十分であり、〝distinctive（突出した成果）〟という最高評価が必要でした。周りにいるのは一流の大学院を出て、ずば抜けたスキルを持ち、覚えが早い人たちばかりなので、いくら正攻法で一生懸命頑張っても、その中にあって一際《ひときわ》目立つこと、〝突出〟することは至難の業です。人並み外れた努力を重ねてきた人たちばかりが集まっているといっても過言ではないのですから、抜きん出るためには一体どうすればいいでしょうか。

日常生活でも80％の成果は20％の要因から生じる

実は、小さなサインを捉えれば、大きな成果を上げることができます。「パレートの法則」――別名「80：20の法則」と同じような考え方を利用するのです。

パレートの法則というのは、経済学者ヴィルフレド・パレートが発見した「20％の要因によって結果の80％が生み出されている」傾向のことで、効果の高い問題解決手法として知られています。例えば、私が以前行った故障解析では、欠陥部品の20％がエンジン不調の原因の80％を占めていました。

このパレートの法則を、問題解決にとどまらず日常生活やリーダーのキャリアにも適用してみると、成功する可能性が大幅に高まることに、私は気づきました。つまり、ちょっとした工夫や対処によって、大きな成果や評価を得られるのです。

ある女性エンゲージメント・マネージャーのエピソードは、そのことを証明してくれます。彼女があるプロジェクトに参加していた際、プロジェクトの中核メンバーではなかったもののそのクライアント企業の高い地位にある幹部が、英語のスピーチの準備に苦労しているというわずかなサインを見逃すことなく手伝ったそうです。その幹部は中国語のネイティブだったため、得意でない英語の準備に苦労していたらしいのですが、中国語と英語が堪能な彼女にとってはたやすいことでした。幹部は彼女に心から御礼を伝えただけでなく、クライアント企業内で「マッキンゼーは期待以上に力になってくれる」という評判の発信源となってくれたようでした。もちろん、彼女自身に対する評価も、クライアント企業のみならずマッキンゼー社内で高まりました。

彼女はどんな人に対しても、そうした小さなサインをキャッチすることに長けた人ですが、誰でも同じように小さな兆候を捉えてチャンスに変えることはできるはずです。

何も、難しいことをする必要はないのです。〝気が利いている〟あるいは、〝かゆいところに手が届く〟と思ってもらえる小さなサインはさまざまなところに転がっているものです。次に挙げる例も、そうした小さな兆候を見逃さずファンを増やしたケースといえます。

以前、香港のあるプロジェクトで、同僚たちとイギリス系ファストフード店に食事に出かけた時のことです。サンドウィッチとサラダを注文した私たちは、美味しそうなチョコレートチップ・クッキーを追加するか迷って注文前に軽口をたたき合っていました。結局、少し後ろ髪引かれる思いでクッキーは頼まずに注文を終えたのですが、レジ係が各人にチョコレートチップ・クッキーを2枚ずつ、サービスでつけてくれたのです!

驚いた同僚のひとりが振り返って支払おうとすると、レジ係はにっこりと「次回にお願いします!」と言いました。香港であれ他の国であれ、この同僚たちが同チェーン店の常連になったことは言うまでもありません。つまりこのレジ係は、小さなサインを見逃さないコツを心得ていたのです。

小さな物事から大きな変化を生み出すために、あなたの長所を利用して、さっそく明日から始められることがあるはずです。

それが一体何なのか、考えて実践するのは実に〝面白そう〟でしょう？

原則 6

本当に重要なポイントを見逃さない

マッキンゼーが作成したプレゼン資料をご覧になったことがあるでしょうか？

カラフルで、工夫を凝らした図表がちりばめられたものを想像されるかもしれません。

実は、まったく逆だったのです。

誤解を恐れずにいえば、〝無味乾燥〟といってもいいかもしれません。

見た人が資料の「メッセージ」にだけ集中できるよう、飾り気はいっさい排除されていました。

図1-2　マッキンゼーの資料で使われていたマーク例

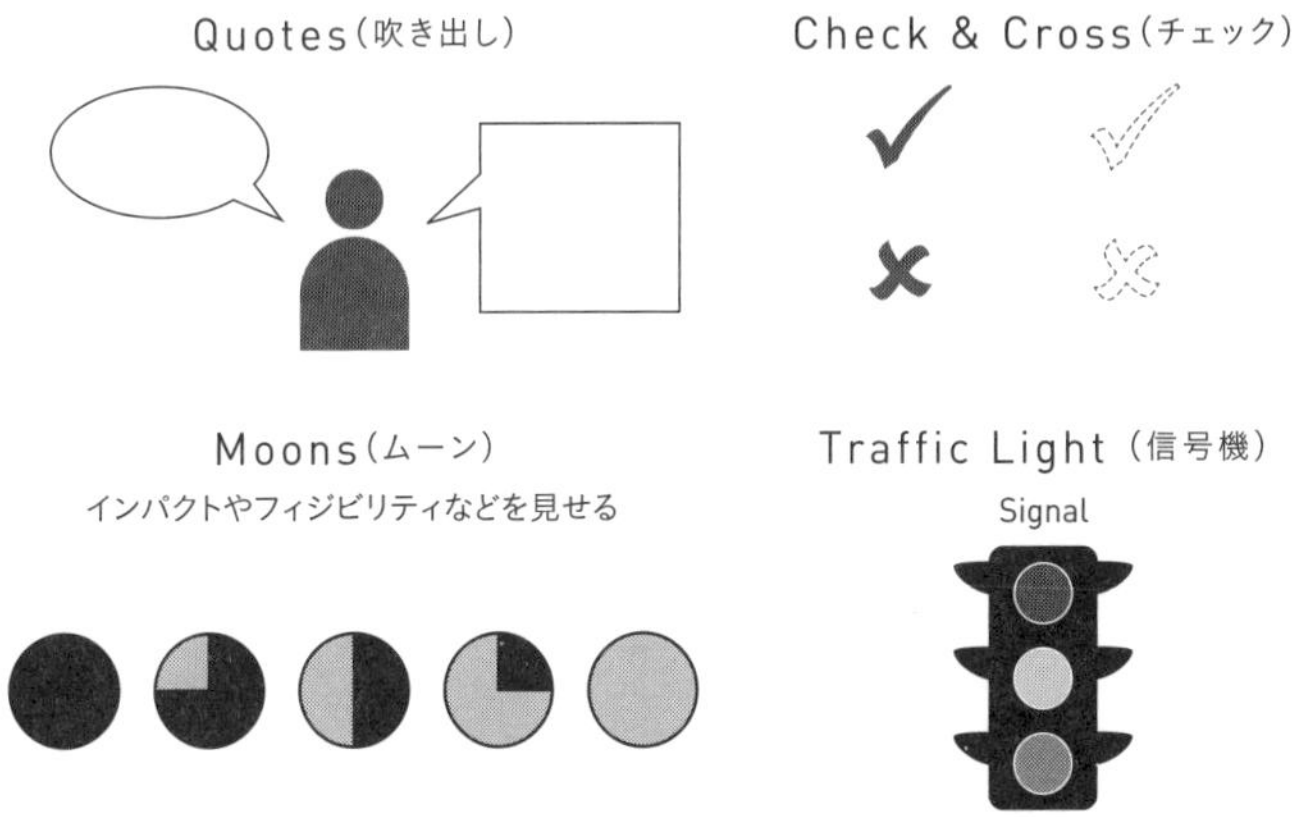

例えば、ページ全体のフォーマットがあることはもちろん、グラフや図表もつけるメッセージはひとつにするなど標準化されたテンプレートがあったのです。フォントはクライアントの書式に合わせるか、ファーム指定のものを使用し、脚注の付け方も含めてルールがありました。マッキンゼーのコンサルタントは、単語や語句の重要性を認識していたので、むしろ見せ方より言葉の一つひとつを極めて慎重に吟味していました。

実際のところ、経営層にとって一番大切なのは数字です。

オラクル社の共同CEOマーク・ハードは「プレゼンテーションに優美さは不要だとNCR（消費者向け決済技術の多国籍企業）時代に上

司から学んだ」と言います。結局、あなたの提示した数字に信憑性がなければ元も子もありません。ハードの最善のアドバイスは『根底に流れる本質』に集中すること」です。[*3]

マッキンゼーの門をくぐる社員ほぼ全員が、MBA研修や他社在籍時にとっくに習得し、むしろ得意だったと思われる図表の作成に関して、改めて学び直すことになります。例えば**図1−2**の通り、吹き出しの使い方も妙な強調や変わったマークなどは推奨されず一定のフォーマットを使用するよう定められていました。重要ポイントを示す際もフォントや字の大きさを変えて目立たせたりせず、タイトル以外は同じフォントでページ全体を統一するルールでした。プロジェクトなどの進捗状況や判断事項の可否を示す際も、長々と文章で記述せず、信号に見立てたマークで示すことが決められていました。順調だったりゴーサインなら青色、要注意であれば黄色、難しい状況や却下なら赤色です。重要な本質は誰が見ても理解できるよう工夫されていたのです。

資料に限らず、日々の報告においても重要なポイントに絞り込むスキルは問われます。エンゲージメント・マネージャーになると、上司から「プロジェクトの最新状況は?」とよく聞かれたものです。言い換えると「このプロジェクトで本当に大事なことを30秒で説明せよ」という意味です。したがって、プロジェクトの節目となる成果や戦力、スケジュールなどの観点から、課題や目下の解決策、提案されたアプローチについて常に整理しておくことが必要不可欠でした。

資料作成に限らず、重要なことに集中する姿勢はキャリアを積んでいくうえでも大切です。あなたが昇進を狙っているのであれば、目指すポジションで期待されるスキルや考え方を集中的に身につけなければなりません。例えば、マッキンゼーでは問題解決力とリーダーシップが必要な要件として求められました。だからこそ昇進するには、いかにして先回りして問題に対処するか、そしてリーダーシップを発揮して利害関係者をまとめるかを学んでいく必要がありました。

重要なポイントを探り当てるには？

ビジネスの現場でも、常に重要なポイントを探り当てるスキルが問われます。特にコンサルティング業界では、顧客に提供するメッセージと、それがもたらすインパクトの大きさが何より重要です。コンサルタントは、問題解決の一連の手順を踏んで最終的に打ち出すメッセージに到達する際、具体的に次のようなプロセスを踏んでいました。

(1) 問題を認識する

(2) 問題を構造化する（詳細な要素に分解し関係性を明らかにすること。その際、MECE《ミーシー》手

法を用いてモレやムダなく網羅する）

(3)　優先順位をつけ、不要な問題を排除する

(4)　分析と作業の計画を作成する

(5)　分析を実施する

(6)　総合して、意味のある結論を導き出す

(7)　適切なメッセージを伝える

目に見えるインパクトをもたらすには、クライアントの実行能力（人・物・金の経営資源と実行力）に見合ったメッセージである必要があります。実行できない計画を立てても仕方がないからです。そのためには、重要な物事を列挙するよりも、最重要なメッセージを際立たせることが重要です。

本当に重要なポイントは業界やタイミングによっても異なりますが、例えば自動車業界では安全性やデザインに加えて、人間工学や燃費、新製品開発にかかる時間が挙げられるでしょう。

あるクライアントにとっての課題は「次の36カ月以内に製品を設計し完成させること」であり、そのための最重要事項は「製品コンセプトの開発から発売までの期間」を短縮す

ることでした。そこで、マッキンゼーのチームは、競合メーカー上位5社の製品開発スケジュールを入手して分析しました。すると、トップ企業の最短24カ月に対し、一番劣後しているメーカーは40カ月と、信じがたいほどの差があったのです。

当然、「なぜこれほど大きな差が生まれるのだろう？」という疑問が浮かびます。原因は、各メーカーが使用する製造・開発プラットフォームにありました。トップ企業はその工程数が一番少なかったのです。世界中で標準化されたプラットフォームを使ってほとんどの品種を製造していました。設計段階から特定のプラットフォームの規格に合わせて作られるため、設計のコンセプトをプラットフォームに反映させるまでの期間が短縮されていたのです。当社のクライアントにとって、この点こそ貴重な知識であり、本当に重視すべきことでした。

大事なことに集中すると目的地に早く到達する

どんなことでも、コアとなる分野に集中して努力すると、ほかの物事は自然と落ち着くべきところに落ち着きます。

成功する起業家は「会社の名前を何にしようかと気をもむ必要はない」と言います。製品やサービスのアイデアをまさに発表しようというタイミングが来れば、ふさわしい社名が飛び出してくるものだからです。

それなのに、多くの起業家たちは社名や名刺のデザインなど、些細なことをあれこれ思い悩んでしまいます。そういったものも確かに大切ですが、特に最初はそれほど大きな意味を持つわけではありません。本当に大事な物事に集中すると、無駄なく効率的に目的地に到達しやすくなります。

起業するなら、ビジネスの中核となるサービスを創出することに集中しましょう。そのサービスを試験的に提供し、できるだけ多くの人に繰り返し提供してみます。疑念や何らかの予感を感じたら、それを検証します。

あなた自身が「ビジネスが軌道に乗ったら、○○を始めよう」などと考えていることに気づいたら、はっきりと警報を鳴らすべきです。すぐに「今できないだろうか？ なぜできないのだろう？」と自問してください。そして、段階的な手順を踏んで先へ進みます。

手順とは、意思決定をしたり、意見をまとめたり、解決策の選択肢を狭めたり、というプロセスです。仕事に直接関係のあることであれ、個人的なプロジェクトやスキルの強化、健康、人間関係であれ、それぞれの分野で常に最も大事なことは何かを見極めるのです。

優先順位をつける3つの方法

このように焦点を絞り込み、優先順位をつけるには、どうすればよいでしょうか？ズバリ言うと、3通りの方法があります。

1　切迫感が高く締め切りが近い事項から手をつける
2　クリティカルパス（プロジェクトを進めるうえで必ず終えなくてはならない作業の流れ）を知り、それをたどる
3　お金とリンクさせる

それぞれ、もう少し説明を加えましょう。

3つのうち一番実行しやすいのは、1に挙げたように緊急の事項に取り組むことです。メモするまでもなく、業務を完成させるために要する大まかな時間が頭に入っているはずです。目算が外れることもあるでしょうが、これを出発点とすれば、差し迫っていないかなり先にある事項を除外できます。客観的な視点に立って考えてみましょう。

例えば、草創期のスタートアップ企業で会社のロゴをどうするか、あれこれ悩んでいた

としましょう。一見、重要な緊急事項のようですが、実際はそうでもありません。ロゴはよく変更されるものなので、しばらく放置しておくべきです。グーグル社を見てください。ホームページ兼サーチページのロゴ・デザインは頻繁に変更されています。

第2に、あなたのゴールに到達するための「クリティカルパス」を把握してください。マッキンゼーでは、マーケティングやブランド戦略の調査にあたり、消費者の購買意思決定プロセス（コンシューマー・デシジョン・ジャーニー）の研究を実施することがありました。この研究では、消費者がどこで、どのように、なぜ特定の製品を購入する決定に至るのかを解明します。対象とする消費者層を外側からと内側からの両方の視点で捉え、「コンシューマー・デシジョン・ツリー」[*4]で図式化して知見を導き出します。

例えば、あなたが新しいテレビを購入するところだとします。消費者としてのあなたにとって重要な、5〜6個の変数――価格、ブランド、サイズ、タイプ（LCD／LED液晶、有機EL）、ハイビジョンなどその他の機能――を一つひとつ検討し、ランクづけします。この場合、最初にテレビのサイズを検討するのが普通です。次に検討するのは価格かブランドに分かれ、あるいは価格とブランドに基づいてサイズを見直す場合もあります。こうした決定は「ツリー」の枝になります。どんな状況にせよ、あなたにとって大事な物事を検討する場合、このように優先順位づけをしていくデシジョン・ツリーを心に思い描くことが大切です。

第3に、業務と、それがもたらす金銭的なインパクトとを直接結びつけて考えます。実に単刀直入ですが、驚くほど正確な方法です。言い換えると、金銭的インパクトとは重要業績達成指標（KPI）であり、あなたが目下行っていることの「身」になる部分です。

例えば、読むことも調査することも好きな作家がいたとします。しかし、作家は書くことで報酬を得られるため、仮に調査に3時間を費やして物語を3文しか書かなかったら、あまり仕事をこなさなかったことになります。直感的に分かりそうなことでも、多くの人はこの点を見落としがちです。あなたも、どの業務が収入や利益に直結しているのか知っていますか。本当に大事なことに絞り込むには、これこそ非常に明快な方法です。

本書の原則についても同じことがいえます。多くの原則を紹介していきますが、あなたにとって重要だと思える原則を実践することに、まずは集中しましょう。

一度にすべての原則を実践し、身につけることはおそらく不可能です。あなたのコアとなる資質の強化に集中し、ひとつずつ取り組みましょう。

平常心を保つ

Hang Tight

原則 7

ストレスのある時ほど笑う

…緊張する会議中に笑顔を絶やさないようにすると、自分自身もストレスが和らぎ、会議を進めることに集中できます。

原則 8

自分の限界を超える

…成長の途上は決して華やかなものではなく、苦痛を伴うものです。忍耐力と行動力が必要ですが、辛い時には発想を転換し、今この瞬間に集中しましょう。

原則 9

常に最悪のシナリオを想定する

…最悪のシナリオが念頭にあると、次のステップとなる行動をあらかじめ考えておくことができるので、決定が迅速になります。

原則 10

フォローアップ（物事の進捗や人間関係の継続的な確認）を始める

…フォローアップは信用をぐんと高め、常に主導権を握るために重要なスキルです。やるべき仕事のリストを符号化して、フォローアップを始めましょう。

原則 11

上司の依頼を冷静にかわす

…24時間ルールと診断プロセスを使い、論理的に依頼をかわしましょう。現場からはるか彼方にいる人の言うことに逐一耳を傾けないこと！

原則
7

ストレスのある時ほど笑う

過去、強いストレスにさらされた時のことを思い出せますか。

例えば、あなたに対してほかの出席者が徹底抗戦を決め込んだ会議を想像してみてください。会議室に足を踏み入れた瞬間から、会議が終わり帰っていいと言われるまで、その間ずっとあなたの頭を占めていたのは、どうやってこの会議を乗り切るかという、ただそれだけ。そっくり同じでなくとも、仕事上でときどき起こり得る、こうした針のむしろに座っているかのような出来事は誰しも経験があるでしょう。

そんな時、あなたは笑顔で対処することができるでしょうか。どんなに厳しい状況であってもネガティブに捉えないことが重要なのです。

例えば、あなたの指導役や上司、家族などで、にっこり微笑んでいる人を思い浮かべてみましょう。

ほら、気がつきましたか？　あなた自身もつられてちょっと微笑んだのではないでしょうか。

ポジティブな状態にある人を見ると、人はそれを真似る傾向にあります。これは自然な反応です。したがって、まさか笑顔を見せるとは誰も思っていないような状況で微笑むと、特に効果的です。非常に素晴らしいスキルですが、リーダーにとって極めて便利なスキルだと認識している人はごくわずかです。実際のところ、出世の階段を登れば登るほど、本心を隠して笑顔を見せることがうまくなっていくものです。

物事を多面的に見よう

エンゲージメント・マネージャーのエステルは、キャリアの早い時期からこの「笑顔」を実践していたリーダーのひとりでした。私はエステルと議論しながら、感情の起伏がほとんどない穏やかな人だと感じ、その冷静さと笑顔を保つ秘訣について聞いてみると、次のような答えが返ってきました。

エステルが新任の若手マネージャーとして、ある化学メーカーをクライアントとする6カ月のプロジェクトを担当した時のことです。クライアント側の上司は、どんなときも不機嫌で、会議中に文字通り怒鳴ったり叫んだりしました。すると、決まってあるプリンシパルが進み出て、どんな攻撃を受けようとも必ず笑顔で対応し、まったく意に介さない様子でした。

このプリンシパルは、どうしてそんなことができたのでしょう？　同時に、なぜそこまで笑顔で対応することが大切なのでしょうか。

エステルの分析によれば、どんなときでも笑顔を保つためには、まず状況を冷静に捉えることが大切です。そのためには、以下のような点を考えてみてください。

- 問題の全体像をお互い理解しているのか
- 共通の問題を、ただ違う角度から解決しようとしているのか
- 問題をこの人物から切り離して考えることができるのか
- 敵意の根本的な原因は何か

確かに、気持ちを切り替えたり、別の角度から考えようと努力すれば、現在の苦痛から自分をすっかり解放することができます。

笑顔はストレスを緩和し[*5]、前向きな感情を生みます。あなたが微笑んでいる時は、うなずく回数が増える傾向にあり、相手は同意の印として受け止めるので、怒りが弱まります。また、あなたのほうでは自信が深まります。

つまり、状況を冷静に把握できれば笑顔を保つことができるし、笑顔を絶やさなければ、

必然的に腹を立てずに済むのです。相手はすでに感情的な状態に陥っているかもしれませんが、あなたはもっと論理的に考え、相手より先回りしやすくなります。ただし、笑顔の裏は無関心、無感情であってはいけません。賛成や反対を論じる熱意は常に保ちながら、表面上は前向きな物腰で議論を続けていってください。

一点注意していただきたいのは、笑顔は相手の怒りを助長することもある、という点です。状況にそぐわない、度を越してヘラヘラした笑い方ではなく、相手に好印象を与える笑顔を練習しましょう。

もちろん、議論に加わっている人たちは、無理に作った笑顔を見てあなたが心から満足しているはずがないことに薄々気づきます。それでも、事態を収拾しようとする努力が伝わることこそが、あなたにとっても仲間にとっても本当に大事なことなのです。厳しくて感じの悪い、それどころか人を寄せ付けないような表情よりはずっとマシです。

どうか笑顔を忘れずに！

原則 8

自分の限界を超える

私の指導役でもある友人が「強靭な意思は暗黙の技だ」と言ったことがありました。人は時に、信じられないほど辛い状況に直面することがあります。途方に暮れ、打ちのめされ、絶望的になります。心も身体も麻痺してしまうほどの手に負えない状況です。今すぐ負けを認め、リングにタオルを投げ入れることが唯一の選択肢であるように思えます。このまま最終ラウンドまで持ちこたえられるはずはありません。

ハンナはマッキンゼーでも有数の、強靭でゆるぎないエンゲージメント・マネージャーです。若手アナリスト研修で指導している時には、彼女の声がフロア中に轟《とどろ》きます。強い自信と信念が彼女の持ち味です。

ある年のこと、ハンナはかなり手強い石油会社を担当しました。マッキンゼーがこのクライアントからプロジェクトを請け負うのは久しぶりだったそうです。クライアントはプロジェクトの範囲を拡大し、マッキンゼーから「1＋5」のチーム（エンゲージメント・マネージャー1名、ビジネスアナリストまたはアソシエイト5名）が派遣されました。

ハンナによると、このプロジェクトを構成する作業のまとまりの一つひとつが膨大で、彼女が以前に手掛けたほかのプロジェクトでいえば1件全体に相当する規模でした。必死の努力にもかかわらず、クライアントは不満を募らせ、チームは疲れ果て、ハンナはますます自信を喪失しました。15週間のプロジェクトの半分が過ぎた頃、どうにも耐えがたい状況になったため、もう少しで「もう出社しません」というメールをプリンシパルに送るところでした。

シニア・リーダー2名が力を貸してくれましたが、お手上げの状態に変わりはなく、彼女にとってはかえって事態が深刻になりました。「シニア・リーダーにサポートしてもらっても、まともな成果が出せないかもしれない」という考えに昼も夜もさいなまれることになったのです。それでもなんとか無事にプロジェクトを遂行し、クライアントからもパートナー陣からもさらなる信頼を勝ち取って、猛スピードで翌年には昇進しました。

もうひと踏ん張りするための4つのポイント

ハンナのように重大な限界点に直面してももうひと踏ん張りするためには、どうすればよいでしょうか？　ここで、4つの重要ポイントについて考えてみましょう。

1　自分の限界を受け入れる：自分の限界に達した時、その事実を受け入れなければなりません。その事実をじっくり考え、ひと息つきます。

そして、次のように考えてみてください。「華々しい成長などというものは幻想であり、現実の成長には必ず痛みを伴う。後から思い返して、華々しいかのように思えるだけなのだ」と。

絶望的な状況では、プレッシャーとストレスのせいで悲観的になり、視野が狭くなります。こういう状況では「自分は成長していない、もう終わりだ」と感じやすいことを理解しておくと冷静に対処できます。

2　行動を起こす：物事への臨機応変な対応能力を伸ばすには、忍耐力とともに行動を伴わなければなりません。

ハンナに必要だったのは「今日はどうしたらいいか分からないが、明日になったら分かるようになり、それを実行する」と繰り返し自分に言い聞かせることでした。最悪なのは、文句を言って何もしないことです。自分を責めたり弱音を吐いたりしている暇はありません。やるべきことは山積みです。とにかく前に進まなければなりません。小さなステップを積み重ねるのです。

それには「誰でもどん底を経験するが、必ず這い上がれる」と信じることです。私の妻はマッキンゼーのコンサルタントで、彼女からも多くのことを学びましたが、そのひとつは決して不満を言わないことです。妻はいつも「文句を言ったり、責めたり、批判している暇があったら、何か行動を起こしなさい」と言っています。『人を動かす』などの著書で知られる自己啓発の先駆者デール・カーネギーが「落ち込んだり、自分の現状を嘆いたりすることは、エネルギーの無駄であるだけでなく、最悪の習慣だ」と記していた通りです。

3　助けを求める：あなたの痛みを、ほかの人たちと分かち合いましょう。
痛みをこらえてしまうと、負のスパイラルに飛び込むことになります。「夜中に耐え切れないほど苦しくなり、提出書類の作成に集中できなくて、真夜中を過ぎてから指導役に電話したことさえありました」と当時を思い出しハンナは頭を振りました。引き続き仕事を進めていると、やがてストレスが安定したそうです。

こういう状況では、問題は本人だけにあるのではなく、本人には分からない複雑に絡み合った要因がほかにあるものだ、とハンナの指導役は言いました。その通りです。状況を形成している物事が1ダースある場合、私たちは見当外れな物事にすべての責任を負わせてしまうことがよくあります。したがって、誠実で思いやりのあるアドバイザーに、正しい物の見方を教えてもらうことが大切です。助けを求めることにより、発想を転換させることができます。

4　考えても仕方のないことで悩まない：過去の失敗や未来の不確定要素について、くよくよ考えるのはやめましょう。

『癒しの旅―ピースフル・ウォリアー』（上野圭一訳、徳間書店、1998年）の著者ダン・ミルマンによると、私たち一人ひとりの中には、主たる「心の」チャンネルが2つあります。ひとつは「過去や未来のことを考える心」で、もうひとつは「現在を生きている心」です。自分が今どちらのモードにいるのかを意識するだけで、この2つのチャンネルを自在に切り替えることができます。

もし、辛い状況で出現する小悪魔がいるとしたら、間違いなく、あなたの隙をついて過去や未来のモードにチャンネルを切り替えようとするはずです。その動きを封じ込めなければなりません。成功するリーダーの頭には、常に次の問題と次の解決策のことがあります。困難な状況に陥っている場合はより一層、「今現在を生きる」モードに入っていることを確認し、やるべき仕事をこなすことに集中してください。

ハンナはこの記念碑的なプロジェクトを経験した後、困難な状況に陥ることを恐れなくなったそうです。

「今週、あるクライアントのための私にとって3つ目となるプロジェクトに加わりました。プロジェクトはすでに半分を経過していたので、みんなに追いつくためにやるべきことが山ほどありましたが、大きなやりがいを感じています。もうひと踏ん張りすることの価値を実感しました」とハンナは陽気な調子で言いました。

自分のもろさを見せることを恐れずに、同時に「自分は成功する」という信念をもち、「成長は華やかなものではない」ことを肝に銘じておいてください。

原則 9

常に最悪のシナリオを想定する

強烈なストレスを感じる状況で平静さを保てる人や、逆境のなかでも迅速に決定を下せる人を見て、なぜだろうと不思議に思ったことはありませんか？

失敗を恐れると意欲が失われるものですが、大抵の場合、最悪の事態はそれほど悪いものでもありません。闇雲に失敗を恐れるのではなく、最悪のシナリオを心に描くことにより、失敗への恐れを克服できることを学び、前進し続けるのです。

強力なリーダーは、万事休すという状況で事態を好転させる才覚を備えています。マッキンゼーの採用面接でも、志望者の適性を判断するひとつのポイントは、成功したいという意欲に燃え、冒険心があり、仕事をこなすために格段の努力を惜しまない人かどうかでした。

コンサルタントは「改善の余地はないだろうか？ ほかに見落としていることはないだろうか？」という類《たぐい》の質問を常に問い続けなければなりません。マッキンゼーで長年修業を積むと、仕事における次の2つの側面を考える習慣が身につきます。

1　プロジェクトの理想的なアウトプットをイメージし、叩き台を作る：この叩き台に手を加え、「クライアントにとって、より高度な戦略的使命とは何か」を予見したものがプロジェクトのアウトプットになります。

2　急に問題が発生した時に備えて、あらかじめ対抗措置を講じておく：あるいは、チームで問題解決に取り組むための会議を事前に計画しておきます。

この2点を実行すると、重要な2通りの物の見方ができるようになります。

1では「理想的な最良のシナリオはどんなイメージになるだろう？」という角度から捉え、より優れたレベルに達するにはどうすればよいかを考えることができます。シニア・ディレクターやプリンシパルは限界を押し上げ、より良い理想的な状況が私たちに鮮明に見えるように導きます。

2では「好ましくないシナリオが発生した場合、すぐにできることは何か？」が分かります。言い換えると、このシンプルな訓練で、理想的な状況とそうでない状況の両方を捉える物の見方が養われるのです。

落とし穴や誤りを完全に避けることはできないので、どんな組織や人々でもちょっとした問題に陥ることはよくあります。厄介な状況に直面した時、平凡なチームリーダーと優れたチームリーダーとの違いは、「火消しモード」になるか、「対抗措置を中心とした行動計画」があるか、という点に現れます。前者は単に対症療法であり、知らせを受けてから消火にあたる消防士と何ら変わりありません。うまく問題を解決できることもありますが、解決できないことのほうが多いでしょう。必要な心構えと、適切な対抗措置が欠如しているからです。私のキャリアのなかでも、「うまくいった場合」だけを考えて「うまくいかなかった場合」を考えていない人に出会ったことがあります。

いかにうまくやるか、より、最悪の結果を考える

実を言うと、私自身がその悪いリーダーの典型例だったのです。物事を完璧に進めたかったので、毎週日曜日の夕暮れ時になると、「いかにしてうまくやるか」に重点を置いてプロジェクトの進捗状況をじっくり見直すのが習慣になっていました。運良く、そのやり方でうまくいったプロジェクトもいくつかありました。

しかし、ほかのプロジェクトで緊急事態が生じた時、「毎週末のあの時間を使って、最良の結果だけでなく、最悪の結果についても考えておくべきだった」と気づいたのです。

もう一歩踏み込んで言うと、最悪の結果を考慮する際には「誰と話をするべきか」、また、「具体的にどんなステップをとれば効果的か」という点についても考えてください。

この項の冒頭で尋ねた質問に話を戻すと、ストレスがかかる時でも平静を保ったり、問題が発生した際に素早く決定を下せるリーダーは、長年にわたる訓練を通じてこの技を習得したのです。

仕事上で、最良・最悪のシナリオを想定するケースとして、どんな例が挙げられるでし

ょう？

例えば、戦略プロジェクトや、企業の合併・買収の際のデューデリジェンスがあります。この場合、複数のシナリオを想定することが一般的です。マクロ経済や競合相手といった外部環境の見方によって、異なるバージョンを作成します。また、企業の成長・衰退など、内部環境についても深く精査します。

そして、これらの要素は「基本のシナリオ」「最良のシナリオ」「最悪のシナリオ」の3つに分類されます。投資家の関心は、最悪のシナリオでも会社がどれだけ業績を上げられるかにあります。

あなたの日々の仕事においても、状況が悪い時に良い結果を残す方法に関心を寄せてください。

最悪のシナリオを明確化するメリットとは？

最悪のシナリオを明確に把握することには、明らかなメリットがあります。

第1に、自分の感情をコントロールしやすくなり、その結果、健全な精神状態が保たれます。最大の懸念材料も、それを見越しておけば心配が和らぎます。例えば「進捗状況の評価会議が予想よりうまくいかなかった」など、何か悪いことが実際に起こった場合でも、次の手を考えてあるので、先へ進むことができます。

第2に、より多くの対策を講じておくことができます。例えば、最悪のシナリオが「あなたの昇進の後ろ盾になってくれる人たち全員に見限られること」だとしましょう。そこであなたは予防措置として、後ろ盾になってくれる人を別のグループからさらに2〜3人確保しておこうと考えたり、この人たちともっと多くの接点を持とうとするかもしれません。できるだけ安全で確実な仕組みを考え出して、最善を尽くしたと確信できるまで努力するでしょう。

最悪の結果を予測することがうまくなる訓練の一環として、私は数年前から趣味と実益を兼ねてトランプのポーカーを始めました。テキサス・ホールデムなどのゲームをしていると貴重な教訓を得ることができます。

最も重要な第1の教訓は、「負けないようにプレイする」。第2に、キャップ（掛け金の上限）、つまり「最大の損失を設定する」。第3に、「運悪く連敗しても平静を保つ」。ポーカーフェイスとは、手持ちのカードに関して感情を隠すだけでなく、すべてのゲームを通じて終始感情を隠す必要があります。そして第4に、「考え得る最悪の夜を想定する」。私にとって最悪の夜とは、15分以内に持ち金の全額を失う場合です。

これら4つの教訓に共通するのは、報酬の〝上限額〟ではなく、〝最大の損失額〟を検討する点です。もし、自分が大勝するという最良のシナリオを考えてゲームに臨んだ挙げ句、大敗に終わると、言わずもがな最低な気分になります。大敗するかもしれないと最悪のシナリオを考えてゲームに臨み、はるかに良い成果を上げれば、最高の気分になります。

予測される最悪のシナリオを設定するのは、プロジェクトの初め、あるいは最後か重要な節目の直前に行うのが理想的です。プロジェクトの初めにあなたの期待を設定し、どんな悪い結果に対しても心構えをしておくことは極めて重要です。プロジェクトの最後か重要な節目の直前というタイミングでは、できる限りリスク軽減に集中するのが得策です。

原則 10

フォローアップを始める

あるとき、若手コンサルタントが上司のディレクターから、それまでの話し合いの内容を覚えていないことについて厳重注意を受けているところに居合わせました。

「その点は、3カ月前に話し合っただろう！」「何週間も前にケリがついたことをなぜ今更蒸し返すんだ！」と怒り心頭に発するディレクター。コンサルタントはあたふたとページをめくってメモを取っていましたが、後の祭りです。彼はディレクターの信頼をすっかり失ってしまいました。

フォローアップ（仕事の進捗や人間関係の継続的な確認）は一種の技です。一夜漬けで習得できるものではありません。フォローアップの大切さは誰でも知っていますが、実行に移すとなると難しいものです。

なぜフォローアップが大切なのでしょう？

答えは簡単です。大事な機会を逃さないため、そして大きな損失を避けるため、です。また、存在感と意識の高さを示し、確かな評価を築くことができます。さらに、ビジネスパーソンとしての成熟度を高め、より強力な信頼を早期に確立する方法でもあります。

フォローアップできる（例えば、過去の会話を正確に思い出せる）ことは、セールス部門などの役割で非常に重要であることは明白ですが、人事などの管理機能においても大切です。フォローアップは、万人に認識され、直感的に重要なことで、極めて需要の高いスキルでありながら、あなたの周りで使いこなしている人はおそらくごく少数でしょう。

それはなぜでしょうか？　主に3つの理由があります。

1　フォローアップは些事だという認識しかない

最新の情報を共有したり、やるべき仕事を遂行することと比べて、フォローアップは地味な仕事です。それだけに、自分自身で決意しない限り、「フォローアップのエキスパートになれ」と後押ししてくれる人はいないでしょう。もちろん、何かを忘れてクライアントや上司から叱責されることはあるかもしれませんが、普通は「一度限り」の出来事として済ませてしまいます。終わった後で思い出して「忘れたフォローアップをフォローアップする」ことはありません。したがって、会議が終わるとあなたの「消火活動」も完了し、事態を沈静化できたことにほっとして、「なぜそれが起こったか」という根本的な原因に踏み込んで考えないのです。

2　習慣にしていない限り、メモを読み返すのは面倒である

私たちはみな、忙しい毎日を送っています。それだけに、必要が生じた時にしかメモを確認しない傾向にあります。誰かに質問されたり、書類を書かなければならない時になって初めて、メモをよく読むようになります。「1日の終わりに10分ほど時間をとり、メモを読み返す」というルールを決めてもほとんどうまくいきません。普段は必要に迫られないとメモを読む気が起こらないからです。

3 記憶力を過信している

一般的に、コンサルタントは「記憶することに頭を使うよりも、メモを取り、そのぶん頭を問題解決に使ったほうがいい」とよく言います。あなたもこれに倣いましょう。人間の心と記憶は、実はあまり当てになりません。

例えば、裁判の目撃者証言において、回復された記憶が議論の的になることがあります。ストレスや時間の経過や外的な影響を受けると、人は現実を歪めて記憶する傾向にあるからです。[*6]

フォローアップ上手になる〝符号化〟のコツ

では、フォローアップがうまくなるための具体的な方法はあるのでしょうか。

私の思うところ、優れたフォローアップに欠かせないのは〝符号化〟です。「プロジェクトの序盤に全力を注ぐ」原則で紹介したマリアは、次のように述べています。

「メモを取るスキルはフォローアップがうまくなるための必要条件です。単純な符号を使いましょう。円、四角、蛍光ペンが便利です。見聞きしたことを素早く完全にメモとして再現できることが肝心です」

マリアは、社内の同僚にも社外のクライアントにもフォローアップの達人として有名で、あるクライアントは彼女のメモ術を取り入れたほどでした。

例えば、社内研修会でメモを取ると、マリアはまずやるべきことすべてに四角い印をつけます。次に黄色い蛍光ペンを使い、数週間かかると思われる項目に印をつけます。完了まで数カ月を要する項目には別の色を使います。フォローアップが完了すると、オレンジ色の蛍光ペンで済みの印をつけます。項目を線で消さずに記録として残しておきます。

そこまで完璧なメモを取れる状況になくても、もし私が「ひょっとしたら忘れてしまうかもしれない」と思った時は（かなりよくあることですが）、紙ナプキンやレシートの裏にすぐにメモすることにしています。逐一注意してくれる優秀なアシスタントがつく身分になるまでは、どんな些細なことでも、ミーティングの相手でも、フォローアップを習慣にすることを心がけましょう。

ほかにもちょっとしたルールを実行すれば、あなたも〝フォローアップ上手〞になります。例えば、あるプリンシパルは、専門家に電話でインタビューしたり、クライアントと突っ込んだ議論をした後には必ず、3～4個の中心となるテーマ別に自分が学んだ重要ポイントをすっきりまとめて、相手に送付しています。こうすると、細かい点まできちんと整理されます。

少し変わった点でいえば、別のディレクターは、プロジェクト終了後でも遠慮せずにクライアントを食事に誘うことが大事だと言っていました。彼はリーダーの卵たちに「これも一種のフォローアップだ」と常にアドバイスしていたものです。特別な理由や目的は必要でなく、ただ「フォローアップ」そのものが目的なのです。

あなたも、日々の仕事でできるところから、フォローアップの訓練を始めてみましょう。

原則 11

上司の依頼を冷静にかわす

上司や先輩から仕事を振られるのはありがたいことです。しかし、常にたくさんの仕事に埋もれている毎日のなかで、優先順位をつける必要は出てきます。それも仕事の依頼を受けたタイミングで、かわすのがうまい人もいれば下手な人もいます。その違いはどこにあるのでしょうか。

迷ったら24時間ルールを徹底する

限界を超える仕事を頼まれた場合、感情が論理に勝り、本能的な反応が表面化します。

論理的に考えるには感情が落ち着いていなければなりませんが、さざなみ立った否定的な感情が治まるまでには、自分が思っているより長い時間を要します。

そんなときの秀逸なアドバイスとして、シニア・プリンシパルのジョージが「24時間ルール」を徹底するよう教えてくれました。誰かに理不尽な仕事を命じられたと感じた場合は必ず、24時間待ってから対案を出しましょう。このルールを支える根拠は次の2点にあります。

1　相手（上司）は心からあなたと会社のためを思っている

2　感情に任せて「ノー」と言ったり反論したりした場合、後で後悔することが多い

例えば、クライアントへの提案に先立ち、提案の規模にかかわらず、必ずプレゼン資料一式の準備をあなたに厳命するシニア・ディレクターがいると仮定しましょう。問題に対する仮説を立てたプレゼンを準備することにより、プロジェクトの入札に勝つ可能性が大幅に高まる場合は、その準備の重要性をあなたも承知しているはずです。しかし、それ以外の場合、情報はかなり曖昧で準備の必要性がどの程度かよく分かりません。

厄介なのは、次のような状況にある時です。

本格的な議論に入る前の段階では、あなたには確かなことが分からないし、「貴重な時間を無駄にしたくない」という気持ちが強く、判断力が鈍っています。「一番大事なことに集中したい」と思っているからです。

そんなときは、24時間の猶予を自分に与えましょう。

こうすると、状況を掌握する力が高まります。感情に任せてはねつけたい衝動に駆られたり、100％の確信が持てない時には、24時間ルールを使ってみてください。このルールに従うと、少なくとも深く納得して全力投球で仕事に取り組めるだけでなく、一生懸命取り組んだことがアウトプットにも反映されるという、二重のメリットがあります。

「どうやって」より「なぜ」行うのかを考える

そして大切なのは、新しい業務を命じられた場合に真っ先に心配になる〝どうやって〟実行するか、つまり資源となる時間や能力のことからまずは一歩下がってみることです。まずは、「目的は〝何だろう？〟」あるいは「〝なぜ〟これを行うのだろう？」という簡単な質問に答えてみてください。

例えば、あるクライアントが私の同僚に、100ページ分のPDFファイルをパワーポイントのスライドに変換してほしい、と依頼した時のことです。クライアントは重要かつ至急で頼みたい旨を念押ししましたが、依頼をかわす術に長けている同僚は、実はクライアントの真の望みが、2種類のファイルを1本にまとめて簡単に配布したいだけであることを巧みに探り出しました。

そこで彼はファイルを変換する代わりに、「PDFファイルを参照すること」と分かりやすい指示を入れる提案をしました。こうして問題は5分で解決したので、2日かけて根気のいる面倒な作業をせずに済んだのです。マッキンゼーではこの手の作業は制作チームに流すのが通常ですが、それでも限られたリソースを最大限活用するには（単純な作業だからこそ）、こうした優れた習慣は必要不可欠です。

第2に、要求された仕事がどれだけ大きなインパクトを与えるかを明らかにするため、あなたの労力の価値をざっくり概算で見積もりましょう。こうすると、先ほどの〝なぜ〟の質問をもっと正確に掘り下げやすくなります。できれば、取り組む価値があるという根拠を数字で示しましょう。仕事の目的を理解するにしても、インパクトの大きさを見積もるにしても、その結果、仕事の相対的な重要性が当事者双方にとって明確になることが肝心です。

例えば、以前、製造業のクライアントから、ある製品群の包括的な変革プランを共同開発してほしいという依頼がありました。クライアント側の責任者は頭が良く、現実的かつ機敏な人で、常に中核的な数字に立ち戻って議論することに長けていました。3つの異なる市場について初期診断を行った結果、再定義された市場規模は以前クライアントが算出した見積もりを大幅に下回り、市場の成長率は1ケタ台前半にすぎないことが分かりました。

それでもクライアント企業のほかの部門長たちは、適切な流通経路や提携先、顧客を開拓するためにさらなる資源を投入するよう強く求めましたが、責任者は反対しました。彼には目的が変革にあることがよく分かっていたからです。数字がすべてを物語っていました。いくら部門長たちが資源を追加して戦線を拡大しようとしても、そもそも市場規模が小さければ成長に限界があり、変革を果たすことはできません。責任者は「戦略全体を見直すべきではありませんか？」と提案しました。私もまったく同感でした。マッキンゼーにとっては仕事がそこで終わることを意味するため理想的な解決法ではありませんでしたが、彼とクライアント企業にとってはこの提案が最善の決定でした。私と彼が2人並んで提案の真価を認めたので、プロジェクトチームは解消されました。

目的とインパクトの両方が妥当であった場合に限り、次のステップに移り、必要な人員、

図1-3　依頼をかわすための評価プロセス

	詳　細	ポイント	決定事項
目的は何か？	プロジェクトリーダーとしての自分の役割から一歩下がり「客観的に見て目的は妥当だろうか？」と自問する。	率直に対話し相手の立場に立つ。	次のステップに進む。またはここで終了。
インパクトは大きいか？	依頼された業務の実際の価値と知覚価値、業務にかかる時間と労力を見積もる。	数字を第一に考え、感情を抑える。	次のステップに進む。またはここで終了。
実行に適任か？	業務を実行するために最適なチームであるかどうかを確認する。	協力的に、最大の成果を上げることを考える。	次のステップに進む。資源を最適化する。
スケジュールの見通し	タイミングは調整できることが多く、極めて緊急の業務は限られている。	中立的に、ただし最終の締め切りに注意する。	次のステップに進む。重要な日取りを決定する。

能力、スケジュールの検証など、〝どうやって〟実行するかを検討しましょう。

図1－3は私が使用している簡単な評価プロセスです。まず目的から出発し、次にインパクトを測定します。さらに人材の適性と緊急度に関する質問が続きます。このプロセスを使えば、プロジェクトの管理力とリーダーとしての信頼性が高まるでしょう。

シニア・リーダー（マッキンゼーの場合はディレクター）は、あなたのプロジェクトに喜んでアイデアを提供してくれます。本当に素晴らしいアイデアがたくさん出されるはずです。

ただし、シニア・リーダーは同時進行するプロジェクトを他にも数多く抱えている、という点も頭に入れておかなければなりません。

〝かわし上手〟ほど多くの仕事をこなす

直属の上司かクライアント側の担当者でない限り、「一般的な経験則として、シニア・リーダーからの指示の大半はできるだけ聞き流すこと」と、あるプリンシパルが教えてくれました。

「『この3つのアイデアが（10個のうちで）特に気に入ったので詳しく教えてください』などと言って、あなたにとって不要なほかの7つを除いた、その3つの素晴らしいアイデアだけに焦点を絞って尋ね直すんだ。すると、〝選択的記憶〟に作用するので、残りの7つのことは忘れてしまうよ」

もし、相手が4つ目や9つ目のアイデアについて何度も話を戻すようであれば、それが本当に大事なことだと分かります。では、シニア・ディレクターが断固として10個全部を残したいと考える場合はどうしたらいいでしょう？

その場合、シニア・ディレクターには善良な意図があると仮定して、〝なぜ〟彼がそう言っているのか、理解に努めましょう。

例えば、上司が過去に見た成功事例をとにかく取り入れたいだけでプロジェクトの主旨から大きく外れていないか、それともプロジェクトの抱える特定の問題を解決できるよう協力してくれているのかどうかを、この時点で見極めることが重要です。相手について前向きな物の見方をしている限り、仮に相手のアイデアを却下したとしても良好な人間関係が保たれるでしょう。

この考え方は、マッキンゼーで全社的に共有されてきたようです。経営再建請負人として信頼の厚いアソシエイト・プリンシパルのサイモンは次のように言っていました。

「優れたプロジェクトリーダーは、10個の指示を受けたらその場で5個にしてしまう。平凡なリーダーは10個すべてを受け入れる。最悪のリーダーは10個を倍にしてしまう。10個を受け入れて60％の成果を上げるより、3個に関して120％の成果を上げるほうが絶対にいい」

何よりも肝心なのは、仕事の依頼をかわすのが上手な人たちは、結局多くの仕事をこなせるということです。24時間ルールや評価プロセスなどの独自の方法を考え出し、物事の良い面に焦点を当てて、感情をできるだけ抑えて対応できるからです。

多面的に捉える

Multiple Reflections

原則12

柔軟な発想で情熱を捉える

‥あなたの現在の仕事のなかで、情熱を注げるものを何かしら見つけると、やる気が高まります。

原則13

「あの人ならどうする？」と目標にしたいロールモデルを探す

‥成長の目標に合わせてさまざまなロールモデル（手本となる人）を見つけましょう。手本が多ければ多いほど楽しくなります。

原則14

目標は野心的に。行動は計画的に

‥意欲的な目標を設定し、計画をきっちり遂行して、人生においてより大きな物事を成し遂げましょう。

原則15

活力源となる仕事を必ず把握する

‥1日の仕事のうちでも、自分が好きなことと嫌いなことを認識して、エネルギーの増減を管理します。

原則16

ジョギングなど気分をリセットする時間をもつ

‥日々の懸案事項から距離を置くと、時間の経過がゆっくりと感じられるようになるとともに、本当の優先順位が見えてきます。

原則
12

柔軟な発想で情熱を捉える

次の3つの文章を読み、情熱を持つ人が率直に述べたと感じられるものはどれでしょう？　また、率直だと思う順番に並べてください。

《私が情熱を傾けるものは……》
1　問題解決に力を貸すこと
2　医療制度を改革すること
3　ケーキを焼くこととケーキ店を開くこと

あなたの答えを当ててみましょう。3を一番率直なものに選び、3、2、1の順番に並べたのではないでしょうか？

それはなぜでしょう？

実は、3番目が最も具体的でイメージを思い浮かべやすく、2、1の順に具体性が弱まっていくからです。私は以前、情熱とは魔法の水晶玉に映し出されるような、何か神秘的で聞いていてワクワクするような、ユニークなものだと思っていたのです。

しかし、この考えは改めました。

私自身がリーダーを目指す途上で、だいぶ経ってから気づいたことですが、情熱は幾重にも分かれています。情熱はたったひとつの定義に限定されるものではありません。また、具体性が高くなければ意味がない、心に抱くべき情熱に値しない、というわけではありません。

言い換えると、情熱には大きさも形もさまざまなものがあるはずです。ただ、あなたの心に響きさえすればいいのです。

先ほどの3つの例に話を戻しましょう。個人の情熱を率直に言い表したもの、という観点で見れば、3つとも正解と言えます。3人とも自分の情熱について夢中で語ります。

1．の問題解決を挙げたのは、マッキンゼーのシニア・ディレクターのひとりでした。数社の大手企業をクライアントとして担当するこのディレクターが、毎朝起床し、仕事を楽しむ推進力となっているのは、問題解決プロセスそのものです。クライアントの状況が不明瞭で厄介になればなるほど、俄然やる気が湧くそうです。複雑な迷路に入り込み、出口を見つけるのが大好きなのです。なにしろマッキンゼーに17年以上も在籍し、並々ならぬ熱意が感じられる彼の言うことですから、作り話でないことは明白です。

2．の医療制度改革を挙げた元医者のデーヴィッドは、マッキンゼーに入社して数年経った頃、ある支社でほぼ未開拓だった医療分野のビジネスを構築しようと決意しました。彼はそのノウハウが蓄積された別の国の支社への勤務を希望し、そこで知見だけでなく大勢の熱いサポーターを獲得したのち、元の支社に戻って医療ビジネスを開始しました。仕事への情熱について尋ねられると、彼は目を輝かせて答えます。

「私の意思が本物だということは一目瞭然でした。それほど興奮していたのですから。情熱を見出すことは、大抵の場合、〝手に入る機会〟と〝自分の本質的な得意分野〟との戦いです。そこで、私は第3の要素を追加し、〝一番ワクワクするもの〟は何か？と自問します」

3．のケーキを焼くこととケーキ店を開くことを挙げたのは、前述したビジネスアナリストです。彼は実際にパティシエに転身し、今では自分のケーキ店を経営しています。

3つの例はいずれも本物の情熱の実例です。毎朝起きて仕事にやる気が湧くのは、その情熱に駆り立てられているからです。

何に情熱を傾けても自由！

同じように、あなたも自分なりの情熱を見つけることが大切です。

他人に合わせる必要はありません。「自分を奮《ふる》い立たせる情熱はこれだ」とあなた自身が分かっているなら、それに専念し、一生懸命打ち込みましょう。

私が思うに、自分の情熱にふさわしい立派な表現手段があるはずだと思い込んで、型にはまったり、足場を組む準備をするのに、貴重な時間を無駄に費やしている人たちが多すぎます。

例えば、仕事に不満を抱き、「情熱を傾けられるものが現在の仕事とは別のところにあるはずだ」と頑なに考えています。しかし、人を教育したり、同時に複数のプロジェクトに没頭し、忙殺されることで闘志を燃やすこともあるでしょう。また、物事の劇的な変化を目撃したり、子会社を構築するなど新たな挑戦への情熱の場合もあります。

また、精通していない分野に情熱を注いではいけない、と誤解している人もいます。例えば「問題解決に熟達した人たちはいろいろな分野にいるから、自分は問題解決に情熱を傾けるべきでない」と考えるのはやめましょう。あなたがビジネスの大家であろうと、大学生であろうと、なんら関係ありません。何に情熱を傾けるかは、まったくもって本人の自由なのです。

情熱は、ひとつとは限らず、組み合わされることもあります。それも、いろいろなことを同時に行うことに情熱を燃やす人もいれば、複数のことに情熱を持つ人もいます。

次に重要なポイントは、仕事に情熱との関連性を見出すことです。

仮にあなたがリーダーシップ能力開発に情熱を抱いているとしましょう。しかし、あなたはマッキンゼーに入社することを決め、最初のプロジェクトが鉱業セクターの再編に関わるものだったとしたら、あなたの情熱とは無関係のように思われるかもしれません。多くの人たちはここで立ち止まってしまいます。つまり、情熱に結びついたプロジェクトに参加する次の機会が来るのをただ待つだけなのです。

しかし、もっと積極的に働きかけ、自分の運命を自分自身の手中に収める方法があります。それは、プロジェクトにおいて情熱と結びつくものを積極的に見つけることです。

例えば、クライアントの管理職を対象にしたリーダーシップ能力開発の機会を提案するのは非常にいいアイデアです。日々の仕事のなかで、うまく足掛かりをつかめないことはよくあることです。肝心なのは大きな望みを持ち続け、前向きに考え、あなた独自の架け橋を見つけることです。

情熱は、思いがけなく見つかることもあります。

偶然アイデアを思いついたと主張する起業家は多く、家賃を払うために宿泊サービスを提供したことが出発点となった人（エアビーアンドビー社のブライアン・チェスキー）、掃除機が詰まる問題を解決しようとした人（ダイソン社のジェームズ・ダイソン）、あるいはハワイでイルカと水泳中に天職を見つけた幸運な人（セールスフォース・ドットコム社のマーク・ベニオフ）もいます。

ただし、偶然に見えるのは表面上のことです。このような「偶然のアイデア」が彼らに浮かんだのは、みな心の底に情熱を持っていたからです。チェスキーは、シリアルのビジネスで失敗しても、起業に対する情熱を失いませんでした。ダイソンの心には、発明に対する情熱の炎が常に燃えていました。ベニオフは、オラクルの長期休暇制度を利用している間に、ビジネスとテクノロジーの分野で善行を行おうと決意しました。[*7]

情熱に関して指針となる原則はありません。情熱とはあなた自身が「これに賭けてみよう」と考えて選ぶものです。大切なのは、あなたが幸せを感じ、張り切って朝を迎えられるような、活力の源を見つけることです。

日々を過ごすなかで心に響くものは？

私はこれまでの人生を通じて、朝起きるとやる気でみなぎり、張り切って仕事に向かう人たちに感心して生きてきました。私の場合、仕事に向かうのに、かなり自分を叱咤して奮い立たせる必要がありました。シャワーを浴びる、散歩に行く、コーヒーを飲む……といった外界からの刺激をたくさん用意して、ようやくエンジンがかかりました。

私とは反対に、何の苦労もなく、起きた瞬間からエンジン全開で仕事をこなしまくる人たちがいます。彼らは止まることなく、常に今を生きています。私は彼らに畏敬の念を抱くとともに、「なぜ？」と疑問に思いました。原因は何だろう？ 生まれつき自制心が強いのだろうか？ それとも必要に迫られてのことだろうか？

そして、私は妻に出会いました。妻の情熱（少なくともそのひとつ）は物事を〝行うこと〟にあります。とにかくじっとしてはいられず、毎日を充実させなければ気が済まないタイプです。土日祝日を含む毎日、早朝に起床して何かしらやっています。

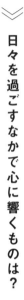

別の例を挙げましょう。

宇宙ロケット製造のスペースX社を設立し、電子決済サービスのペイパル社と電気自動車製造のテスラモーターズ社の共同設立者でもあるイーロン・マスクは、現代の偉大な発明家と称される起業家です。彼は「根本的な真実まで物事を突き詰めていき、そこを出発点として考えよう」と述べています。おそらく彼の情熱は、周期表に並ぶ元素のレベルまで突き詰められた思考と、新しい物を作ることにあるのでしょう。だからこそ、業界を横断する多角的な事業を手掛けているのです。

あなたの日々の行動のなかで、心に響くものを捉えましょう。何に化けるか分からないそのダイヤの原石を、しっかり握って歩むのです。

ここでお伝えしたいのは、いつでも120%のエネルギーを投入できるくらいやる気に満ちていてほしいということです。柔軟な発想で、あなたの情熱は何かを認識できましたか。そうすれば、あなたは優れたリーダーとして急成長できることでしょう。

原則 13

「あの人ならどうする？」と目標にしたいロールモデルを探す

あなたのキャリアのある時点で、難しい決断に直面することがあるでしょう。おそらくリーダーの役割へ飛躍する時には、すでにそんな経験があるか、あるいはすぐに経験するはずです。避けられない道であり、正しい判断力を備えていなければなりません。

「マービンならどうするだろう?」

これは、マッキンゼーのコンサルタントがよく使っていた言い回しです。「マービン」はマッキンゼー創業時のマネージング・ディレクター(取締役)だった故マービン・バウアー(1903~2003年)のことです。彼はマッキンゼーの価値だけでなく、今日の経営コンサルティング業の基盤を築きました。

マービンは、ロールモデルを持つことを強く提唱していました。先ほどのように自問するのは、プロジェクトがクライアントにとってためになる変化や十分なインパクトをもたらさない、あるいは、ある行動が特定の人物だけに利益を与え、社会の大義に反するとコンサルタントが判断した場合でした。マッキンゼー時代には、インパクトの不足を理由にクライアントとのプロジェクトが終了したり、却下される場面によく遭遇しました。大富豪の実業家で飛行家のハワード・ヒューズの依頼に対し、マービンが「あなたには経営スタイルと組織を変える意思がない」という理由ではねのけたことは、コンサルタントなら誰もが知っている有名な話です。

あるシニア・プリンシパルが「マッキンゼーに勤務していて勉強になるのは、〝過ち〟を避けられるようになることだ」と言っていたのは印象的でした。

マッキンゼーには「異議を唱える義務（obligation to dissent）」と呼ばれるものがありました。「何かが間違っていると感じた時には、遠慮なく上司に話すこと」を意味していて、単なる建前ではなく現場で実践されていました。

マッキンゼーの教えであった高潔さと健全な判断力を備えることは、成功するリーダーの規範とも言えます。マッキンゼー社内であれ、マッキンゼーを出てほかの重大な試みに着手する場合であれ、成功するためには職業倫理が不可欠であることをコンサルタントは学びます。友人を含めた第三者に極秘の資料や名前を漏らさないことを最初から学びます。マッキンゼーのコンサルタントで、在職中に（多くの人は退職後も）外部の人や、親しい友人にさえ、クライアント名を口外したことのある人にお目にかかったことがありません。

それはなぜでしょう？

このルールをそれほど忠実に守らせる原動力は何でしょう？

特にクライアント名など非公式情報に関して言えば、倫理的な行為を貫くことは簡単ではありません。友人との夕食の席で、あなたはまず「最近どう？」と気軽に会話を始めるでしょう。そして、あなたが近況としてプロジェクトのテーマや業界などを曖昧に答えると、おそらく友人は「それじゃ、ファイザーかジョンソン・エンド・ジョンソンがクライアント？」と聞いてきます。この時点でちょっと頷いてしまおうかという衝動に駆られます。しかしコンサルタントはそうしません。なぜでしょうか。

「○○さんならどうするだろう？」と思い返せるロールモデルを掲げることが重要性を帯びるのはこの時です。

多くのコンサルタントは、仕事を教えてもらい、親のように慕う人物やロールモデルを尊敬しています。マッキンゼーの理念は「技の熟練」に近いので、コンサルタントはルールを破って罰を受けることを恐れるというよりも、良い模範となることに価値を感じるのです。

社内においてもモラルを重視する姿勢は徹底されています。あるとき、クライアント先にいたシニア・アソシエイトが「大至急パワーポイント書類をメールしてください」と社内のビジネスアナリストに頼んだときのことです。電話の向こう側にいるアナリストは、クライアントとの打ち合わせ開始が迫っていたことを危惧して「VPN（仮想プライベートネットワーク）が停止しているのでGメールで送らせてください」と言ってきました。上司のプリンシパルが1時間以内にファイルを見たいと急かしたためのようですが、セキュリティ規定に反する行為でした。

そこでGメールを使わせずに、シニア・アソシエイトは即座にこう答えました。「私がそちらに行って直接ファイルを受け取りましょう。その間にプリンシパルにはメールを送って、打ち合わせ時間を少しずらしてもらいます」。職位の上下にかかわらず、良い模範を示すことと、直ちに実行することの2点に関する優れた行動規範が示された例でした。

ロールモデルはスキル別に十数人見つけよう

ロールモデルを念頭におくことは、もちろん極秘情報の取り扱いにとどまりません。チームやクライアントへの対応、上司との会話を含め、幅広い物事に良い影響を与えます。特にコミュニケーションや意思決定に役立ちます。

例えば、上司に許可を求めるメールは、短いながらも説得力をもたせたいものです。だからメールを見直すときは、一歩下がって第三者の視点に立つのではなく、自分の尊敬するシニア・リーダーになったつもりで読み返してください。

シニア・リーダーならどのように手紙を書くだろう?

どんな言葉を選ぶだろう？
もっと間接的、あるいは直接的に書くだろうか？

そして、さらに一歩下がってこう自問しましょう。
「待てよ、そもそもメールを書く必要があるのか？　電話で済ませるか、オフィスの外で聞いたらどうだろう？」

このように受け手の立場に立つことは、コミュニケーションにおいて最も効果的な方法です。ロールモデルを使うことにより、「メールの内容は適切だろうか？」という視点から「メールを書くべきだろうか？」という視点に移行することができました。

私も含めて、人間はとかく狭い枠組みで物事を見る傾向があります。ロールモデルを掲げることで自分だけの狭い枠組みを取り払い、全体像を見せてくれます。「少数の万能モデル」ではなく、場面に合わせてさまざまなロールモデルを想定しましょう。

例えば、私はテニスが好きです。テニスをしていてロールモデルにするのは、職場の同僚や上司ではなく、コーチや高校時代のライバル、ひょっとすると憧れのロジャー・フェデラーかもしれません。少しマニアックにいえば、ショットの種類ごとに特定のロールモデルを割り当ててもいいでしょう。高校時代のライバルのようなバックハンド、コーチのようなボレー、ロジャー・フェデラーのような試合運び（できることなら！）というふうに。

仕事でも同じことができます。例えば、プレゼンなら「小さな会議ではAさんのように、大きな会議ではBさんのように振る舞おう」というふうに細かく分けましょう。別々のスキルには、それぞれ別のロールモデルが必要です。あなたのロールモデルの殿堂には、各スキル別に少なくとも十数人を迎え入れましょう。

原則
14

目標は野心的に。行動は計画的に

あなたは、行動計画を立てていますか？

自分の行動計画の話をすると驚かれることが多いのですが、私は長期的なビジョンのほか、中期的ゴール、直近のゴールと、それぞれ行動計画を設定しています。言ってみれば、これらの行動計画は高い志を定めるために非常に便利な覚書です。原則12で見つけた「情熱を傾けられるもの」も、計画を立てることでより具体化できます。

手始めに「仕事とキャリア」「家族」「健康」「友人と人脈」という4つの分類を作りま

しょう。それぞれの枠組みに、〝成果や結果（行動ではありません）〟を指す表現を3～4個書き込みます。

例えば「仕事とキャリア」に関して、2016年の終わりまでに積極的に取り組むと私が決めたことは「指導役（メンター）として20人に力を貸すこと」。さらに、その各項目の隣にチェックボックスを設けています。

行動計画を立てる狙いは3つあります。第1に、達成しようという意欲が高まり、積極的に行動するようになること。第2に、毎年の進歩の尺度になり、達成度に応じて、翌年の目標を上方あるいは下方修正できること。第3に、「為せば成る」「有言実行」の信念が育まれること。

不思議なことに、以前は夢にも思っていなかったことを成し遂げられるようになります。例えば、私は2012年にスピード昇進を望み、行動計画として書き留めたところ、まさに決めた通りのタイミングで昇進を果たし、妻でさえ驚いたほどでした。

行動計画では、きちんとポイントを押さえましょう。

例えば、1枚の紙を横方向に3分割し、最初の枠にはそれぞれの「成果を達成する方法」、真ん中の枠には直面することが「予想される課題」、最後の枠にはそれぞれの「成果の達成が必須である理由」を書きます。常に行動計画を意識できるように、この紙を肌身離さず持ち歩きましょう。

また、行動計画はほかの形でも表せます。

例えば年末に家族や友人に年賀状を書く時、自分自身に宛てて1枚書きます。この年賀状には、翌年に「達成済み」になっているはずのことを改めて書き留めます。365日後に取り出して読み返すと、充実感があふれる非常に便利な方法です。

インターネット起業家のピーター・ブラッドと話していたら、彼も似たようなことを実践していると言っていました。彼は、さまざまなネットベンチャーを次々に立ち上げている起業家です。なかでも注目を浴びているのがフィッシュバーナーズ社で、IT起業家を支援する協働スタイルのオフィスを運営し、オーストラリア最大の規模を誇っています。

ピーターの行動計画とは、然るべき人たちに会うことです。

「おかしなことに、私たちは普通、付き合う相手をあまり選り好みせず、適当に誰とでもつるんでいます」

彼は、ある年齢を過ぎたら、特にビジネスの世界に足を踏み入れた場合、自分にとってコアとなる価値や、どんな人物に好感を持つかを書き出して、該当する人たちを積極的に探し出すべきだ、と真面目に考えるようになったと言います。私たちの中で、自分の価値や好感を抱く人物像を書き出したことのある人は何人いるでしょうか。ピーターのような人が若くしてあれほど多くのことを成し遂げた理由はそこに現れているのです。

計画的に脳に栄養を与える

キャリアを通じて日頃は衝動的にしか行わないことのなかには、計画的に実行できることがたくさんあります。

例えば、年に2〜3度、業界全体にわたる情報共有のための会合に出席するのが恒例となっているとします。しかし、それだけでは将来の動向を予測したり、ましてや常に最新情報に通じることなどできません。もっと賢明な方法があるはずです。

マッキンゼーのプリンシパルのジョージによると、ひとつの方法は「最後に◯◯したのはいつだろう?」と自問することです。

例えば、あなたが航空業界にいるとしたら、「身近な人たち以外の誰かと最後に話したのは誰だろう?」「下の階にある研究開発部門に最後に足を運んだのはいつだろう?」「接線技術について最後に調べたのはいつだろう?」などと自問しましょう。脳は仕事を与えられないと働きません。脳に適切な栄養を与える方法がないと、知識はすぐさま古びてしまいます。

別の方法は「拾い読み」を良い習慣とすることです。

業界のトップニュースを拾い読みし、社内の同僚と話し合いましょう。知識は時間が経つと価値が失われるので、最新の知識を備えていなければ、あなたの市場価値も激減します。行動計画があると、「もし規制が変更されたら?」「もし知らないのは自分だけだったら?」などと考え、とるべき行動を見逃すことがありません。

以前より仕事が楽になった、と思ったら危険信号です。チャンスをみすみす見逃してしまうかもしれません。危険だと言ったのは、「現在の仕事」が順調な限り、あなたが一層の力を発揮できることは何か、誰も教えてくれないからです。

今の自分に欠けているものが分かる

リーダーになることを目指して、あなた自身の行動計画を作りましょう。そこに定めた目標を見れば、今の自分に何が欠けているかが必ず分かるはずです。それがあなたを動かす力となり、ピーターが言ったように「然るべき人たち」に会ったり、ジョージのアドバイスのように「最後に○○したのはいつだろう?」と問いかけることになるでしょう。さらに、6カ月おきなどの期間を決めて、行動計画を確認することを忘れないでください。

分類や詳細は異なりますが、マッキンゼーのコンサルタントも、同様の行動計画を持っていました。普通はシニア・エンゲージメント・マネージャーになると、志や、専門とする業界、極めたい知識、サービス提供における貢献度などを書き出すように言われたものです。公式な取り決めではありませんが、先輩から受け継がれてきた草稿を渡されるのが過去のプリンシパルたちからの慣習として受け継がれていました。ほとんどのコンサルタントは、在職期間のもっと早い時点で行動計画を立て始めていたようです。アソシエイトからエンゲージメント・マネージャーに昇進した時点で、みずから進んで計画を立てる人もいました。

行動計画を立てることは、自分に足りないものは何か、どうしたら心の活力を回復できるか、と改めて考える絶好の機会なのです。

原則
15

活力源となる仕事を必ず把握する

あなたの仕事量は、日によって大きくばらつきがあるはずです。非常にストレスの溜まる忙しい日もあるでしょう。こういう日には、自分で決めたスケジュール通りに仕事をこなすのは不可能で、手あたり次第に仕事を処理し、立て続けに入っている会議に追い立てられるように向かいます。その日の予定に身を任せた結果、精根尽き果ててしまいます。

ちょっと考えてみると、心身のエネルギーを最も消耗させるのは、自分でコントロールできずに振り回されることから生じるストレスです。成功するリーダー予備軍と今ひとつ精彩に欠ける人たちとを分けるのは、たったひとつの哲学です。すべてのリーダーは1日のなかでエネルギーを得る方法と、ストレスを発散する方法を知っているのです。


数年前に、鈴木イチロー選手のドキュメンタリー番組を見ました。

ニューヨーク・ヤンキースとシアトル・マリナーズで活躍し、殿堂入り確実と言われるイチロー選手が、なぜ驚異的な打撃記録を達成しているのか、その背景を探る内容でした。番組の中ほどで「ストレスや疲労と闘うために、日頃習慣にしていることは何か」と尋ねられた時、イチロー選手の答えは次のような趣旨のものでした。

「野球で生じるストレスは、野球で解消するしかありません。だから、私は野球以外のことをしてストレスを軽減することはありません。打撃の調子が悪い日の嫌な気分を払拭するためにただひとつできることは、結局、練習です。そこで、ひたすら練習するのです」

これを聞いて、はたと気づきました。成功する人たちは、傑出したゴールを達成する方法だけでなく、誰もが直面するストレスとエネルギーの消耗に対処する方法についても鋭い考え方を持っているのだ、と。

単純に、仕事のストレスは仕事で発散すべきと言いたいわけではありません。というのも、私たちが日頃の仕事で直面するストレスは、野球で高打率を達成することに感じるそれよりも、対象がやや曖昧で複雑です。だからこそ、忙しい時にエネルギーを回復し、ストレスを軽減するために大切なものは何か、自分なりのスイッチを知っていることが肝心です。

例えば、人と話すことで特に元気が出るなら、部屋にこもってパワーポイントのプレゼンを準備したり、エクセルのモデルを作ったりするだけで1日が終わってしまうことのないように心がけましょう。同様に、静かな時間が1日数時間あると、あなたやチームが波に乗れるなら、それをどうにか捻出しましょう。

同時に、エネルギーを消耗する対象も把握しておきましょう。私の場合、細かな情報更新を頻繁に行うこと、リスト作成、あちこち出かけて小さな用事を済ませること、スケジュール作成、後方支援業務などでエネルギーを消耗します。したがって、こうした消耗する作業をすべて同じ日にこなそうとすると、エネルギーを回復するチャンスがないので、できるだけ避けるようにしています。

7対3ルールで仕事を調整しよう

このように、自分が好きなこと、エネルギーを回復してくれるものと、嫌いなこと、エネルギーを消耗しストレスを高めるものを、簡単なリストにまとめましょう。エネルギーの源を知ることは、心の健康管理の一環です。

一般的な経験則として、7対3ルールを覚えておくとよいでしょう。1週間を通じて、エネルギーを与えてくれる仕事と、エネルギーを消耗する仕事の比率が、健全な7対3の状態になるように心がけるのです。

次に、翌週への備えとして、現状のスケジュールを検討し、エネルギーの源になる活動を追加してバランスを是正してみてください。ほとんど直感的に分かるはずです。重要ポイントは、惜しみなくエネルギーの補充に努めることです。身体と同じように、心もいたわりましょう。

どういうわけか、現代の仕事の世界では一見華やかそうな会議ばかりで1日が埋め尽くされていることを忙しさの指標とする、誤った傾向があります。仕事でエネルギーを回復しストレスを軽減するために効果的な方法は、自分のためのまとまった時間を確保することです。半日でも1日でも他のことを遮断して、じっくり考える時間をとりましょう。この時間を利用して、目の前の一番緊急の問題を処理したり、学習の目標に集中して取り組みましょう。

時間を捻出するための4つの工夫

先ほど登場した医療に情熱を燃やすプリンシパルのデーヴィッドは、毎週水曜日のスケジュールを空けていました。この時間が確保できていると思うと、重要な仕事に集中する時間が足りなくなる！ などと心配せずに済むのだそうです。ほかの人たちからの期待との兼ね合いについて質問したところ、「自分の時間を確保することで、マイナス面よりもプラス面のほうがはるかに大きいのだから、周りの顔色を窺うのではなく、迷わず実行することが肝心だよ」という返事が返ってきました。

そんなふうにまとまった時間を捻出するためのデーヴィッドのさらに具体的なアドバイスとしては、多くの仕事を処理するための単純なルールとして「削除（Delete）、委任（Delegate）、簡素化（De-spec）、先送り（Defer）」に目下の仕事を分類することだそうです。「簡素化（De-spec）」とは、複雑な仕事のすぐ次のステップを捉えて、取り組みやすくすることです。例えば、「来月のコンファレンスの計画を立てる」ではなく、「先方と会って議題を作成する」と捉え直しましょう。また、成功するリーダーは問題やストレスを仕事に〝委ねる〟ことに長けています。あなたもこれに倣いましょう。

仕事で直接かかるストレスの解消法として、一番効果的だと多くの人が考えるのは、休暇に出かけたり、問題から距離を置く「先送り（Defer）」でしょう。確かに、問題を大局的に把握できるようになりますが、長期的に解決することにはなりません。この点をよく認識し、あなたにとって仕事のストレスや疲労を軽減することに直に役立つ、本当の活動に真摯に取り組みましょう。

原則 16

ジョギングなど気分をリセットする時間をもつ

私のお気に入りの映画のひとつで、素晴らしい人生の恵みについて描いた『いまを生きる』のなかで、故ロビン・ウィリアムズが演じる国語教師ジョン・キーティングは、名門高校の生徒たちに「Carpe diem(ラテン語で「今を生きろ」)」と告げます。私にとって、ペースの速い現在の職場環境にぴったりの言葉です。

時間は貴重です。厳しい環境で仕事をしていると、いくら7対3ルールを意識していても、忙しい日は午後一杯が一瞬のうちに過ぎ去ったように感じられるものです。仕事の忙しさにかまけて、人間関係や健康問題や大きな目標など、人生で大切なほかの物事をつい後回しにしてしまうことも多いでしょう。

だからこそ、日頃の雑念や関心事から距離を置くために、心理的な時間をコントロールする方法を手に入れましょう。シンプルで短い、一定の運動を日課として行っていると、実際に費やされる時間に比べて長く緩やかな時間を過ごしているように感じられます。言い換えると、ある種の運動は、外の世界を肌で感じる時間がゆっくり流れているかのように感じさせるのです。

私の場合は、ランニングが合っています。準備に手間がかからず、ランニングシューズさえあれば実質的にどこでも走れるからです。例えば30分間走る場合、時間の経過がゆっくりと感じられます。そういう感覚はめったに得られないため、心を癒してくれる大切な時間です。運動で「ひとりきりの時間」ができると、自分の考えを明確に整理することができ、優先順位を正すことができます。

昼間は立ち上がって動き回ることが大切だ、と科学者も言っています。それが脳を刺激し、血行と酸素の循環が良くなります。しかし、メリットはそれだけではありません。ジヨギングのような、さらに長い運動に取り組むと、脳は自己への内省に集中するデフォルト・モード（外部からの刺激がない場合の脳の状態）――神経科学の分野で自己参照と呼ばれるもの――から休息を取り、外部の環境に波長を合わせます。[*8]

内（自分自身）と外（環境）の影響を受ける、2種類の心の状態を移動することにより、人生を捉える新しい枠組みが手に入り、異なる角度から物事を見られるようになります。

これに似た現象について、全体像を見るために「一歩離れて見る」という表現をマッキンゼーの社員は好んで使っていました。〝頭を働かせる〟ことを指しますが、強調したいのは「実際に体を動かすと、脳のモードを物理的に切り替えられる」ことです。より優れた、より健全なライフスタイルが手に入るのです。

では、どのような運動習慣を身につけたらよいでしょうか？

1 走るのは昼間か夜にする：多くの人は、朝の時間帯にランニングをします。朝のほうが時間の自由がきき、走ると気分がさっぱりします。ただし、身体のためには朝よりも昼間か夜に走るほうがいいようです。科学的に見て、体温が高く、反射力が優れ、関節が柔軟になっている時間帯なので、怪我をする可能性が低いからです。確かに昼時は季節を通じて一番暖かいので、昼休みに走るのが好きな人もいます。

しかし、「その日のまとめをする」という目的で、走ることを「ツール」として考えると、夜のほうが断然効果的だと思います。一般的に、夕食時か夕食後に、仕事を休む時間をとりやすいでしょう。そういう時に、突然「ひらめきの瞬間」が訪れることがあります。つまり、仕事から距離を置いたおかげで、雑然としていた物事がまとまってひとつの形をとるのが見えるようになるのです。

また、朝の時間は難しい仕事に充てるという原則1も併せて思い出してください。朝ランニングをする場合は30分以内にしましょう。

2 距離でなく時間を決めて走る：人それぞれですが、距離よりも時間を決めて行うほうが効果的です。競争ではないので、距離を達成することよりも、習慣づけることが大切です。ばてない程度の適度な運動として、普通は30分程度のランニングが一番効果的です。

3 ゴールを決める：ゴールがあると、定期的に走る励みになります。私は友人とランニングを始めた時、5カ月後のハーフマラソンを走ることを目標に決めました。読者のみなさんもおそらく成長と進歩を貪欲に追求する、優秀な方ばかりとお見受けします。とりあえずはハーフマラソンがいい目標になるでしょう。

その後、上海国際マラソンやボストンマラソンを完走し、記念写真とメダルを額縁に入れて飾る日が来るかもしれません。立派な自慢の種になるはずです！　さらに、オリンピックのトライアスロンを目指す私の友人のように、挑戦する意気込みがあれば、ハーフ・アイアンマンレースなど次のステージを目指しませんか。

4　ひとりで走る：週末なら、走ったり、泳いだり、バスケットボールやテニスやバドミントンをするのに、あなたが何人集めようと構いません。しかし、心のペースを落とすための特別な運動は、ひとりで行うのが効果的です。スポーツジムのランニングマシンもとても便利です。必ずマシンのテレビを消し、ＭＰ３プレーヤーから流れ出る大音量の音楽も止め、熟考できる環境を整えましょう。自分の目標に到達するために、最大の効果が得られる近道は、正しいやり方をすることだと肝に銘じてください。

私のマッキンゼー在籍当時も、マネージング・ディレクターやシニア・ディレクターの多くが定期的にジョギングをしていました。なかには、もっと激しい運動に取り組んでいた人たちもいます。

重要なポイントは身体を動かすことであり、運動により現在の仕事からあなた自身を切り離すことにあります。素晴らしい人生の魅力に目を向けるよう自分に言い聞かせ、１日１日を最大限に生きましょう。

そうすれば、必ず仕事にも良い効果が現れるはずです。

第2章

Chapter Two:
Growing with Others

あるがまま、
程度の知れた人物として捉えると
相手はダメになる一方だ。
しかし、あるべき姿に到達している
人物であるかのように扱うと、
相手に精一杯磨きをかけることができる。

――ヨハン・ヴォルフガング・フォン・ゲーテ

リーダーに至る道筋というのは、個人的な成長の旅と捉えられる傾向にあります。他人を導けるほどの強さを何らかの方法で身につけた結果、いつの日か自然と周りの人たちがついてくるようになる、と考えられているのです。

しかし実のところ、自分だけの成長では十分とは言えませんし、〝自然と〟周りの人がついてきてくれる、という都合のよい状態になることはありません。

他人に影響を及ぼし、他人を成長させる力がないことには、リーダーシップの大部分は未完成だと言えます。そして、その力は、みずからが必要な能力として身につけていく必要があるのです。

マッキンゼーでは、クライアント、他のリーダー（プリンシパルとディレクター）、チームメンバーの3者を、主要な利害関係者と考えていました。人生においても大切なものは自分だけだった状況から、リーダーになった途端、そうしたさまざまな利害関係者である他人のニーズを満たすことが本当に重要になります。

もちろん、それは他人のためだけでなく、ひいては自分が率いるチーム全体のパフォーマンスを上げることにつながり、さらにリーダーとしての自分の評価にも直結します。

経験上、他人を満足させるニーズは「コミュニケーション」「共感」「思いやり」の3分野に大別できます。本章では、この3つの点を体得するうえで重要な行動原則を紹介します。いずれも、わざわざ努力して行うのではなく、自然に体が反応するぐらい意識全体に浸透させてください。

コミュニケーション上手になる

Communication

原則17

コミュニケーションは手短に

…7つのキーポイントを自問して、より少ない言葉数でより多くを総合的に伝えるコツをマスターします。

原則18

難しい質問に答える前に3秒の間をとる

…間髪入れずに答えをぶちまける必要はありません。逆に、あなたが沈黙の重みに耐えられるところを示してください。

原則19

自分から話すより、聞き役に徹する

…プリンシパルや成功した起業家が実践しているように、質問し、相手の話に耳を傾けることで自分の成長の糧としましょう。

原則20

ノーの代わりにイエスを使う

…衝動的に他人の誤りを正すのではなく、提案型の質問をして、相手が自分で訂正できるように誘導します。

原則21

中途半端なアウトプットは見せない

…あなたの評判を左右することなので、アウトプットを誰に、いつ見せるべきかについては細心の注意を払いましょう。

原則22

プレゼン冒頭の3文は暗記する

…この簡単なルールを守れば、会議室内の全員があなたに対して抱く印象をガラリと変えられます。

原則
17

コミュニケーションは手短に

私がまだマッキンゼーで在籍期間が浅かった頃、おびただしい量の情報を吸収できる人たちを、感嘆の眼差しで見つめていたものです。その能力差が耐えがたいほど歴然となったのは、新規プロジェクトに関して最初の説明を受けた時でした。彼らは聞いただけで理解します。まるで脳のスイッチを入れる必要がなく、際限なく情報を処理し続けているかのような人たちの優秀さに打ちのめされました。

やがて時が巡り、私もマネージャーとなって、聞く側から話す側になる機会が増えました。自分のプロジェクトを売り込み、他のコンサルタントにチームへの参加を求める立場になって初めて、「情報を説明するより理解するほうが簡単だったんだ」と気づきました。

情報を分析して理解するよりも、物事を明確にきちんと説明するほうが頭を使います。また、みんなの貴重な時間を無駄にしたくないとも考えます。そこで、聞き手の注意をそらさない唯一の方法は、手短にコミュニケーションを行うことです。

実際、さっと手短に説得するスキルはあらゆるビジネスシーンで役立ちます。ただし、早口になってはいけません。きちんと時間を計り、伝えられたメッセージの量をじっくり検討するのです。同時に、ワクワクさせるような印象を与えられたかどうかも確認します。

マッキンゼーでは毎週のように、新規プロジェクトのメンバーを募集する際に、この手短に話すスキルが試されました。

例えば、リーダーが特定のコンサルタントを自分のチームの「スタッフ」にしたい場合（ちなみに、社員が特定のプロジェクトに任命されることを「スタッフになる（staffed）」と言いました）、明快で魅力的かつ価値ある提案を行って巧みに説得する必要があるため、言い換えれば、人を惹きつけるのがうまくなければなりません。

逆にコンサルタントのほうでは、参加したいプロジェクトに関わる産業分野での経験や、オペレーション・財務・営業・戦略といった特定の業務機能に関する専門知識や人脈などが不足していると、押しの強い訪問販売員さながらに、相当な努力をしないとチームに加わらせてはもらえませんでした。

こうした競争の激しい入札プロセスを経て、コンサルタントは次の戦場を見つけるのです。いわば社内的な求職活動の世界であり、これが何度も繰り返されます。望ましい候補者はあっという間に決まる一方で、自分に合う機会が来るのを待たなければならない人もいました。生々しく赤裸々な適者生存モデルで問われるのが、手短に主旨を伝えるスキルでした。短く意図を効果的に伝えるために不可欠といえる、「押しの営業」と「引きの営業」を備えたコミュニケーションもここで学んだのです。

馴染みが薄い「引きの営業」

さて、「押しの営業」と「引きの営業」とは何でしょうか。

実は私たちは「押しの営業」スキルについては何年もかけて練習してきています。昔から、受験やバイトの面接、就職試験などで「自分を売り込む」機会には事欠かないためです。競争率の高い大学に申し込んで面接にこぎつけると、いかに自分が理想的な志願者であるかを必死で説明します。それが済むと、今度は就職活動でも同じことをします。自分の長所や志や会社にとっての価値などを書き出します。

一方、「引きの営業」は馴染みが薄いはずです。自分から主張するよりも、相手の興味ややる気を引き出すスキルです。お客様自身でみずからの課題のありかが分からない場合や、価格が高い商品の購入を検討している際に、有効な技術です。しかし、このスキルはキャリアのやや遅い時期、リーダーの役割に移行する頃に習得するチャンスが増えるため、若い間は慣れていない人が多いでしょう。

ですから、意識的に「押し」と「引き」を織り交ぜながら、手短に話すには練習が必要です。簡単そうに見えますが、最初はかなり難しく感じるでしょう。なぜなら、話の筋道を順序立てて組み立て、省くべき詳細を吟味し、慎重に言葉を選んで、疑問が生じないように過不足なる描写する必要があるからです。

コンサルティングの仕事において押しと引きを交えたコミュニケーションするために、私が長年かけて作った質問リストは左記の通りです。あなたの指針となり、正しい方向性を与えてくれるヒントになるといいのですが。

1 すでに知っていることは何か
2 このプロジェクトの終了時にどんな収穫があるか
3 無視したり、なくしたりすべきものは何か
4 どんな制約や制限があのか
5 主要な利害関係者と顧客は誰か
6 包括的なスケジュールと、節目となるものは何か
7 このプロジェクトが他のものより優れているのはなぜか。全体像として魅力を感じるのはどのような点か

このスキルを習得できれば、カリスマ的なリーダーに成長するチャンスにもなります。プロジェクトの売り込みのような会話や話し合いは、ビジネスの如何を問わず相手との関係の出発点とも言えるからです。強烈な第一印象を与えられることは、あらゆるビジネスシーンであなたの強みになるはずです。

原則
18

難しい質問に答える前に3秒の間をとる

大きな利害が関わっている場合は、質問への回答に迷うことがあります。聞き手がさらに難解な質問を浴びせかけてくるのではないかと心配したり、はるか上の上司たちの視線が背中に突き刺さるのを感じたり……。「会議室にいる全員に印象づけなければ」と焦ったりもするでしょう。

相手が経営幹部レベルの重役や、非常に有望なクライアントである場合は特に、心臓が飛び出しそうになるほどのプレッシャーです。質問にさっさと答えてしまいたい衝動に駆られます。そんな時こそ、わざと立ち止まり、「1、2、3……」と3秒数えるまで待ちましょう。

私がマッキンゼーで教わった最善のアドバイスのひとつが「難しい質問に答える前には必ず間をおくこと」です。

エンゲージメント・マネージャーになり、早くも1年が過ぎようとしていた頃でした。プレゼンの際、アソシエイト・プリンシパルのひとりが、どんな質問に答える前にも、深く考え込んだ様子で、必ず数秒待っていることに気がつきました。質問が難しくなればなるほど、彼の回答はますます力強く、示唆に富んでいました。

間をおくべき理由は、主に3つあります。

1　反応し、考え、最良の回答を考えるための時間を稼ぐ
2　沈黙はあなたの回答の重みを増すので、聞き手はより高い価値を感じる
3　劣勢の場合や緊迫した状況では過剰に反応しやすいため、間をおいて気を静める

質問を分類ごとに把握しておくことが、常に聞き手に先回りするコツです。

例えば、面接調査の場合なら、自由回答形式や選択回答形式のほか、質問内容があらかじめ定められているかどうかにより、構造化形式や非構造化形式などに分類されるでしょ

図2-1　質問の4分類

質問の種類	事　例
挑戦型	・「なぜXについて調べなかったのですか？」 ・「なぜもっと洞察力に優れた成果を出せなかったのですか？」
評価・比較型	・「2つのベンチマークを比較する場合、成功の主要因は何ですか？」 ・「Cに与えるインパクトをどう評価しますか？」
発見型	・「今すぐとるべき行動は何ですか？その優先順位は？」 ・『デジタル化したほうがいい』とおっしゃるなら、当社にどんな能力が必要ですか？」
事実確認 情報収集型	・「X社の市場占有率は何%ですか？」 ・「稼働率が75%未満の工場はいくつありますか？」

高い
難易度
低い

う。プレゼン後の典型的な質疑応答の場面では、質問はだいたい次の4つ「事実確認のための情報収集型」「発見型」「評価・比較型」「挑戦型」に分類できます（**図2−1**）。先ほどのアソシエイト・プリンシパルと私は、プロジェクトの最終フィードバック会議で、この件についてさらに詳しく話し合いました。図2−1の一番下にある、事実確認のための情報収集型の質問は、単純なので迅速に回答するべきです。

事実確認のための質問から、発見型、評価型、最後の挑戦型の質問に移るにつれて、回答にかける時間を増やすよう調整するといいでしょう。適切な見地から回答することができるだけでなく、あなたに対して経験豊かで信頼できるという印象が強まります。各分類ごとに挙げた典型的な質問例を見てみてください。

防戦に回らない！

気づいた読者もいらっしゃるでしょうが、回答が一番難しいのは、理由や正当性を求める質問です。陥りやすい落とし穴は、防戦に回ってしまうことです。

先ほどのプロジェクトで、クライアントのオペレーション担当副社長から「（私たちマッキンゼーの担当者は）なぜ工場の現場に出向かないのか？」と手厳しい質問を受けました。

するとプリンシパルは間をとり、まず相手の言うことはもっともであるとはっきり認めました。そのうえで、プロセスと手法について当方の実行計画を慎重に説明しました。「お言葉ですが、それを実行するには時間や資源が足りないし、他の利害関係者の承認が必要です」などと反論するのでなく、プリンシパルは建設的な回答をするよう努めていました。彼は「もっと難しい質問には、メールを使わずに、それも正式な会議以外の場面で答えたほうがいい」と後でさりげなく教えてくれました。

その場で100％正しく回答する必要のない質問もあることを頭に入れておきましょう。

これをマッキンゼーでは「回避の術（art of evasion）」と呼んでいました。

難しい挑戦的な質問に対しても、まごつかずに答えられるシニア・プリンシパルを見て、私はいつも感心したものです。これは誰にでも習得できるスキルですが、忍耐力と自信が必要です。確かに、挑戦的な質問をしてくる人は、その場で正しい回答を期待しているわけではありません。あなたが成熟したリーダーとしてひと皮むけるには、相手の本当の望みを見抜けるようになることが肝心です。

質問にすぐ飛びついて中途半端な解決策を提示するよりも、先送りするほうが賢明です。これを、ほとんどのシニア・リーダーが得意としていました。彼らはより優れた判断と適切な言い回しを使って、できるだけ好印象を与えるように回答するのです。

最後の大切なポイントは、「自信」です。

あなたの言葉に説得力をもたらすものは、得てして自分に対する自信です。会議室に足を踏み入れた瞬間から自信に満ちた態度を示すことが、結局一番重要なことかもしれません。

原則
19

自分から話すより、聞き役に徹する

会話を終えて、自分をとても誇らしく感じたことはありますか？

特に、素晴らしい相手と腹を割って話し合えた後に、そのように感じたことはないでしょうか。
実は、成功する起業家とマッキンゼーのプリンシパルの目立った共通点をひとつ挙げるとすれば、両者ともよく質問することです。結果として相手の話を聞くことが多くなり、自分から話すのはごく控えめです。これは、あらゆる業界の一流のCEOと言われる人たちすべてにも共通して言えることで、おそらくあなたが尊敬する人たちにも当てはまるのではないでしょうか。

極めて有能な人は、とても謙虚です。1時間あったら、自分の過去の業績について10個話すよりも、あなたから新しい話を10個引き出すほうを選びます。論理的に考えて、これは大いに納得できることです。探究心のある人は短い時間内に誰よりも多くの知識を蓄積できるので、トップに躍り出ることができるのです。誤解のないよう付記すると、質問といっても、財務監査時のように根掘り葉掘り聞くことではありません。探究心を感じさせ、考えが深まるような質問です。

質問すると、相手は気分が向上し自信がつきます。陶酔感を与える、とも言えます。インターネット起業家として成功し、時価総額3億～4億ドルの会社を経営する人物と会食したことがありました。冒頭で私は冗談半分に「今日は、あなたよりもたくさん質問させていただきます！」と言いました。ところが、楽しかったディナーが終わってみると、おそらく多くの質問をしたのは相手のほうで、各々がしゃべった時間はせいぜい五分五分だったと認めざるを得ませんでした。

次の質問を誘発するうまい聞き出し方

彼のような成功者を際立たせるのはどのような点でしょうか。

ひとつは、ほとんどの人が自分はどれだけ話すのかあらかじめ考えておかないのに対し、成功する人たちは事前に考慮している点が挙げられます。

しかし、もっと深いレベルで見ると、質問の一つひとつが次の質問を誘発して増えていくという、質問の性質に違いが現れています。

例えば、次のような形で会話が進みます。

質問（起業家）：「最近どんな仕事をしていますか？」

答え（私）：「いろいろなプロジェクトであちこち飛び回っています。最近では、新車の製品開発プロセスを構築するプロジェクトを手掛けました」

質問：「すごい！　で、どんな車を作っているのですか？」

答え：「イタリアのスポーツカーメーカーにエンジニアリング業務を提供しているサードパーティーをモデルにして、国産高級車の次の試作品を作っています」

質問：「へえ、エンジニアリング業務を提供しているサードパーティーとは、どういう意味ですか？」

答え：「ああ、それはマグナ・シュタイア社のように、ＯＥＭ（顧客ブランド名での受託製造）のために自動車を製造している会社のことです」

質問：「つまり、自社で車を作っていないということですか？　てっきり作っているものとばかり思っていましたが」

答え：「実は、いくつかの車種をサードパーティーの企業に外部委託するのがかなり一般的なんです」

質問：「それは驚きました。そのプロジェクトで何を担当されたのですか？」

答え：「必要な作業について機能別に綿密な計画を立て、クオリティゲートを設定することに力を貸しました。要するに、クライアントと合同で基本計画を策定したのです」

質問：「クオリティゲートとは何ですか？」

答え：「OEMが製造工程の各所に随時設定する、品質管理のチェックポイントのことです。このゲートをくぐるには、各機能の担当者全員がゴーサインを出さなければなりません」

質問：「例を挙げてもらえますか？」

この会話だけを見ても、学ぶ価値のあるポイントが表れています。優れた聞き手になるコツは、次の3点に集約できそうです。

1　話題をコロコロ変えないこと。相手の話に心から興味を示し、掘り下げて！
2　自分の無知を素直に認めること。知らないことがあれば、ためらわず認めよう
3　興味深いポイントを瞬間的に捉え、簡潔な言葉でフォローアップしよう

話題を掘り下げ、知らないことを探り、興味深いアイデアや知識を捉える練習を積めば、

あなたも徐々に変化を遂げ、〝多く質問し、控えめに話す〟人になれるでしょう。

質問を増やすことにより、当然、相手の話を聞くスキルが高まります。中国文社の設立者のひとりでもあるシニア・ディレクターが言っていました。

「特にコンサルティング業界では、常に話すことを訓練されているので、聞くことは貴重な能力だよ。実は、コミュニケーションの70％は言語以外の手段で成り立っているんだ」

》相手への共感を示そう

例えば「ちょっと確認させてください。おっしゃりたいことはつまり、1、2、3……ですね」とか「私の理解を手短にまとめると……」といった、〝積極的傾聴〟法で学ぶような質問するためのツールも確かに大切です。

しかし、それだけではなく、時間を費やして相手を理解する姿勢を示すことも重要です。要するに、先ほどのディレクターが非常に熱っぽく語ったように、完全に〝相手を受け止める〟こと、共感していることを相手に意識させないほど、深く共感することがポイントです。

手始めに、気軽なディナーの席で友達や同僚に試してみてください。

私も、半年ぶりに会った友達との食事の席でトライしてみました。彼は農業投資の仕事をしています。世界的な飢餓の問題や、どうしたら飢餓を根絶できるかについて語り合いました。私がどんどん深く質問を掘り下げていくと、驚いたことに、友人は身を乗り出して話し続けてくれます。あれほど充実した会話ができたのは久しぶりです。

予想以上に多くのことを学びました。帰宅途中にすぐ、友人から「ものすごく楽しかった！」という内容のメッセージが入り、私は思わず笑顔になりました。

ただし、知識があることと、それを実行することは別物です。今日からさっそく「質問を多く、話を控えめに」を実践すれば、あなたの前にもっと多くの新しい世界が開かれることでしょう。

原則
20

ノーの代わりにイエスを使う

中国の武将で軍事思想家の孫武による『孫子』は、戦における管理手法や勝つための戦略を記した兵法書の傑作で、その思想と教えは現代のビジネス界でも広い支持を得ています。「争いは文明を前進させ進歩を実現するがゆえに避けがたいものである」と孫武は書いています[*1]（引用は私の解釈です）。確かに、争いは人生において成功するための〝必要悪〟

であり、私たちはみな必然的に争いの世界に住んでいます。

しかし、古代中国の春秋時代から一気に2500年後の現代まで時を進め、私は代替策として、きちんと争いを回避して、しかも目覚ましい進歩を遂げる方法を学びました。それは、直接「ノー」と言わず、その代わりに「提案型の質問」をすることです。


このアイデアを私に授けてくれたロールモデルは、ヨセフというプリンシパルでした。海外の複数のオフィスで勤務経験があり、スムーズなコミュニケーションが彼の魅力でした。社内的な会議で意見が対立しても、ヨセフは表立って私を批判したり、反対したことは一度もありません。それなのに会議が終わると、いつの間にか私は改めるべき点をインプットされ、さらなる仕事を引き受けていることに気づくのでした。

ヨセフは、自分の考えを会議室中に拡散させ、私の知らぬ間に頭の中に植えつけることができました。芸術的ともいえる滑らかな技で、クリストファー・ノーラン監督の映画『インセプション』さながらに他人の意識にアイデアを植えつけるのです。ただし、映画と違い、私は夢を見ていたわけでも眠っていたわけでもありません。

ヨセフの特別な才能に気づいた私は、彼が深く関わっているクライアントにプレゼンを行う際に同席させてもらいました。クライアントが市場について間違った発言をしていると、ヨセフが同意の印に頷いているところを再び目撃しました。彼はじっと辛抱強くクライアントに耳を傾けていましたが、「イエス」と言いながらも「提案型の質問」を挟み始めました。

「おっしゃることはよく分かります。ただ、こういうアイデアを考えたことはありませんか？」

「別のシナリオを想定した場合、どうなるとお考えですか？」

「AとBを除外した場合、市場はどんな様子になるでしょう？」

つまり、主旨としては「ノー」ですが、直接「ノー」という代わりに質問を投げ返していたのです。クライアントは、自分の間違いに気がついて何気なく修正することができ、恥ずかしい思いをせずに済みました。

なぜ「ノー」と言わないことがそれほど大切なのでしょうか。誰に対しても直接あからさまに反論しないことが重要なのは、なにも文化的な感受性の問題ではありません。

さらに、あなたが出世の階段を経営幹部レベルまで上り詰めた時、「ノー」と言わないことがますます重要になるはずです。なぜでしょうか。

数週間後、私はヨセフと夕食をとりながら、プレゼンで気づいたことを話題にしました。彼の答えがまた印象的でした。

「第1に、緊急の場合は別として、ほとんどの場合は相手に反論する必要はありません。相手の誤りを間接的に指摘して本人に気づかせるほうが、大抵は好ましいはずです。第2に、否定されたり、自分の間違いを指摘されて、喜ぶ人はいません。特に肩書が立派になるほど、権威と社会的地位に傷がつくので、不愉快に感じます。第3に、最も重要な点として、会話は最も頻繁に用いる意思伝達のツールであり、だからこそ軽んじるべきではありません。争いの芽は、もっと慎重に処理するべきです」

他人に反対された際の対処法が書かれた本は多数ありますが、自分自身の反対の立場を控えめに表明する方法を扱ったものはおそらくないでしょう。しかし、考えてみれば、自分を抑えることはそれほど難しくないことが分かります。

〝控えめ〟なのと〝主体性が弱い〟のとは違う

控えめになると聞いて、「主体性を弱める」という意味に誤解されるかもしれませんが、そういう意味ではまったくありません。

主体性とは、必ずしも攻撃的で、思ったことをズケズケ言うことではなく、「目的地に到達するために、なすべきことが分かっている」ということです。「ノー」と言わないこの手法は、目的地に首尾よく到達する方法のひとつにすぎません。

『完訳　7つの習慣　人格主義の回復』（フランクリン・コヴィー・ジャパン翻訳、キングベアー出版、2013年）の著者スティーブン・コヴィーは、別の視点から「主体性のある人たちは決して強引ではありません。賢明であり、価値を追求し、現実を把握し、何が必要かを理解しています」と書いています。コヴィーはガンディーを例にとり、思いやりと主体性を持って道徳的価値を説いたひとりの人間が、いかにして大英帝国を転覆したかを描写しています。[*2]

「提案型の質問」手法を実践するためには、まず、あなたの警戒心を取り除く必要があります。

衝動的に、相手を正そうとする癖をやめましょう。これは思っている以上に難しいことです。なぜなら、私たちは「正しい」答えを主張する癖がついているからです。

答えを正す代わりに、相手がみずから間違いに気づくような質問をしてみてください。相手の立場に立ち、相手が質問を正しく捉えられるように、根気よく手を貸すのです。

積極的傾聴のスキルと、大局的な物の見方を身につけていくには、具体的にどうすればよいでしょうか。

今よりもっと頻繁に頷き、同意できない時でもまずは「なるほど、興味深いですね」などと必ず相づちを打ってから、選択式の質問をしましょう。そして、聞き手の賛同を得られやすくなるように、提案型の質問をどんどん取り入れていってください！

原則 21

中途半端なアウトプットは見せない

最善の努力を払ったにもかかわらず、どうしても時間が足りずに締め切りに間に合わないことがあります。クライアントが突然「進捗状況を確認したいから明日アウトプットを見たい」と言ってきたり、上司が「1時間空いたから」と言って、問題対策会議を突然招集するかもしれません。

さて、あなたならどうしますか？

即座に対応して、ありのままの現状＝やりかけの仕事を見せますか？ それとも、代わりに何か別のもの――例えば関連事項についての話し合いを提案しますか？

優秀な人ほど、こうした場合に議論するタイミングを心得ています。いつどこで戦いを仕掛けるかを慎重に選びます。

形勢が悪ければ、強引に進んで危険を冒そうとはしません。厳しい仕事環境では、希望的観測はあまり役に立ちません。「小競り合いで負けて戦争で勝つ」ということわざとは反対に、私たちを取り巻く複雑で競争の激しい環境では、戦争で勝てることを証明するために、小競り合いでも勝たなければなりません。

したがって、抜け目なく慎重に選択肢を検討してください。

良い評判を獲得する明快な方法

というのも、過去のアウトプットはあなたの今後の評判と密接な関係にあるからです。そこを忘れて中途半端なアウトプットを出してはいけません。

とりわけ、マッキンゼーでは社内の「評判」が極めて重要視されていました。

誰かをプロジェクトに配属したいと思った場合、当人と仕事をしたことのある上長が必ず聞かれるのは「この人はどんな人ですか」という1点です。それに対する回答の素になるのは、数々の優れた業績や失敗ではなく、配属担当マネージャーやプリンシパルの目に映っている、その人物の評判です。プロジェクトが終わるたびに耳にする、「頭の回転が早い」「平均以上」「良好」「優秀」といったコメントからでき上がった評判そのものでした。配属決定は迅速に行われるので（プロジェクトが多い時は特に）、手間のかかる規定の適性評価プロセスを行わないのが普通でした。その代わり、評判が額面通りに受け止められたのです。

想像される通り、悪い評判を変えるのは難しいものですが、悪い評判の主な原因はえてして、思慮が浅くいいかげんな人間だと思われている点にあります。

逆に、良い評判を確立する方法は割と明快とも言えました。アウトプットを大切に扱い、それを見せるかどうかに関してあなた自身が主導権を握ればいいのです。もし、書類の更新を終えるのにあと2時間半必要だと思うなら、その時間を確保する方法を見つけましょう。ビクビクして未完成なものを送ってはいけません。

どれだけ「努力を費やしたか」ではなく、どれだけ「優れた結果を出したか」に基づいて評価されることを忘れないでください。特に、リーダーとして認められると、常に最高の状態でいることが期待されました。

「優れたリーダーは、時間を優先して質をおろそかにすることは決してない。それなのに、リーダーを目指す人たちの多くに『アウトプットの最終的な管理責任者は自分だ』という意識が欠けているのは重大な誤りだ」

あるエンゲージメント・マネージャーは、そう言いました。あなたの成長にとって大切なのは、アウトプットの中身だけでなく、提出するタイミングも理想的な形になるように、しっかりした方針を確立することです。

「クオリティの高さ」と「適切な提出タイミング」という2点を兼ね備えたアウトプットを目指しましょう。適当な水準で妥協してはいけません。

原則
22

プレゼン冒頭の3文は暗記する

説得力のあるプレゼンテーションの決め手は何でしょうか。それを考えるうえで、面白い実験があります。

ある調査会社が役者を雇って専門家らしく見えるように仕込み、クライアントとの会議に出席させる、という実験でした。会議が終わってから参加者にアンケート用紙に記入してもらい、何度か同様の試みを試してみたところ、すべてのアンケート結果はまったく同じ傾向を示していました。役者は会議のテーマについてなんら理解していなかったというのに、みな彼が本物の専門家だと信じ込んでいたのです。

つまり、〝専門家のふり〟をして、会議参加者の目を完璧に欺《あざむ》いた役者のように、あなたもそれらしく振る舞うことで信頼を勝ち得ることができるというわけです。それには、守るべき決定的なルールがあるので、ご紹介しましょう。

まず、「プレゼンの最初の3文を暗記すること」です。

マッキンゼーのシニア・エキスパートのポールによると、プレゼンの導入部が全体の行方を左右します。

「新規クライアントのプロジェクトで私がプレゼンを準備する際は、最初のほう、つまり導入部分で自分が話すべき内容を書き留め、確実にクライアントの心をつかめるように工夫します」

最初の3文を暗記する理由は、この部分が一番注目を浴び、iPhoneをいじくり回さずにみんなが耳を傾けている瞬間だからです。

まだスクリーンなどにもスライドは映さず、全員があなたの話に集中できるようにします。プレゼンの冒頭で自信がなさそうな様子を見せると、あなたに対する興味が何となく失われてしまいます。

あなたに、ゆとりが生まれる！

しかし、最初の3文を暗記することが大切な理由として、もっと大事なことがあります。それは、あなた自身が安心できるところです。出だしが好調だと、無意識のうちに自信にあふれたリズムが生まれます。スライドの図表に主導権を奪われるのではなく、あなたの発言を補う道具として使いこなすことができます。さらに、プレゼンを聞いている同僚に対してインパクトがあります。あなたの声の調子や態度にシニア・リーダーは安心し、チームメンバーは誇らしく感じるでしょう。

特にスピーチというのは、才能さえあれば簡単にできるものだと過信されていますが、才能がないと思い込んでいる人でも、この単純なルールによって緊張感を克服すればうまいスピーチができると頭の片隅に入れておいてください。

また、短いフレーズを使うことも、より成熟したリーダーの印です。経営幹部など相手が上層部になるほど、できるだけプレゼンをシンプルにしましょう。

経営幹部レベルの人たちや、あらゆる分野の一流のリーダーたちは、小難しい発言が理解されにくいことをよく承知しています。あなたに知識があればあるほど発言が多くなる傾向にあり、もどかしく感じさせてしまいます。あなたの思考が抑えられないほど展開していき、あなた自身にとっては完璧に筋が通っていても、聞き手は話についていけずに退屈してしまいます。

したがって、大きく深呼吸し、軌道を修正して、考えを手短にまとめましょう。文と文の間に1秒間の間をとると、意識して短めのフレーズを使うことができます。

情感に訴えた短いフレーズで惹きつけよう

普通の大人が集中力を持続できる時間は、だいだい15～20分間と言われていますが、ビジネスのプレゼンの場合、難しく無味乾燥な資料だと10分未満しかもちません。[*3]「TEDトーク」など本格的な講演会の講演者に対しては、聴衆の期待が高いために集中力の持続時間は一層短くなり、数分おきに聴衆を沸かせ刺激することが期待されます。しかも現実はそれよりはるかに短く、聴衆を飽きさせないために肝心なのは冒頭の2～3文です。だからこそ、講演者は笑えるエピソードや、心をつかむ引用句や、目からウロコが落ちるような事実を冒頭に持ってくるのです。

人を惹きつけるために一番良い方法は情感に訴えることであり、この理論は記憶についても当てはまります。

例えば、ある引用句に心を強く惹かれれば惹かれるほど、それを長期間覚えておくことができます。

また、聞き手の記憶や経験や文化が、注意力に深く影響することも覚えておいてください。あなたが話しかける聴衆の経歴や環境を念頭に置き、それに合わせてメッセージを調整していくのです。

ひとつ補足として述べると、あなたがプレゼンで話す内容と、資料に載せた内容がまったく異なるとしても、それは問題ありません。聴衆は両者がぴたりと同じ内容でなくとも、気にしません。ただし、スクリーンに映し出された内容のうち、言葉で何から説明するかは慎重に選ぶ必要があります。例えば、スクリーンに図表が映し出されると、脳は即時に縦横2列ずつの表やXYグラフを処理しますが、登壇者は一度にひとつの軸しか説明できません。両軸を同時に捉えて説明することはできないからです。つまり、語りは常に線状の道をたどりますが、数字入りの図表は必ずしもそうではない、という点を頭に入れてプレゼンを進めてください。

前述の通り、誰もがプレゼン上手なわけではありません。私も、決して得意ではありませんでした。非常に緊張したものです。今でも、才能ある人のようには話せません。

でも、少しずつうまくなるのも事実です。冒頭の3文を暗記すると、肩の荷が下りて、少なくとも幸先の良いスタートを切ることができるでしょう。実行してみれば、すぐにその手応えが感じられるはずです。

共感する

Connection

原則23

真っ先に相手とつながる共通の話題を見つける

∴経営幹部レベルとの大切な会議に入る前に、仕事以外の共通の話題を見つけてください。

原則24

励まされる人でなく、励ます人になる

∴見習いの時期を過ぎたら、他人に励まされる人から、他人を励ます人になりましょう。

原則25

常に相手の良い面を見つける

∴他人の人柄や意図を常に良い方向に解釈することを心がけ、プラス思考で前向きな姿勢を保つとよい結果を生みます。

原則26

チームメンバーの人生の転機やプライベートな面を知る

∴チームメンバーと深い共感を育み、親睦を深め、距離を縮めるように努めてください。

原則27

メンバーはリソースではなく〝頼りになる個人〟と考える

∴これ以上の説明は不要ですよね。

原則28

毎週、面白い人たちと食事に行く

∴あなたの影響力と知識の及ぶ世界を広げる習慣を意識して身につけてください。

原則
23

真っ先に相手とつながる共通の話題を見つける

クライアントのオフィスや重役室のほか、上司のオフィスに入って、すぐに仕事の話に入る人は多いのではないでしょうか。仕事とプライベートとを切り離したほうが無難だと考えているからです。

しかし、シニア・プリンシパルのジョージは「私たちコンサルタントは本業である問題解決以上に、人を理解することが最も大切だ」と言いました。

彼は相手の部屋に入ると本題に入る前に、自分との共通点や場を和ませる話の種を探す、と言います。

「あるとき、経費削減の話し合いでアメリカの製造会社を訪問したんだ。重役室をさっと見渡すと、メルボルンのワイナリーの写真が何枚もあった。そこで、私が中国に住んでいた時のワイナリーとボトル詰めの苦労話について話し始めたのさ」

ジョージにとって、他人に共感できる点を見つけることは何よりも大切です。同時に、それほど難しいことではありません。彼はいろいろな会社で22年も働いてきて、どんな会社の重役でも、共通点が見つけられなかったことがないというから驚きです。

　次のような例も話してくれました。ジョージが、別のクライアントである大手造船会社の最高技術責任者（CTO）に会いに行った時のことです。手帳もペンもノート型パソコンも意図的に持っていきませんでした。ただ、じっくり話すことが目的だったからです。長年の間に彼が学んだのは、何かを手に持ってミーティングに臨むと、自分の警戒心が強くなるとともに、相手の期待が高まるのです。だから新しい方法を試そうと思ったそうです。

「手ぶらで行くのはかなり勇気が必要だった」と彼は打ち明けました。「何か見せるものを持っていくことが当たり前になっていたから」。

　ところが蓋を開けてみると、最高技術責任者は、以前のミーティングでは決して発見できなかった事柄をたくさん話してくれたのです。雰囲気を和ませ、クライアントの関心事に集中し、徹底して良い聞き役に回ることにより、ジョージにとって新しい形で相手の心に寄り添うことができました。これは、通常の仕事の範囲を超えて心を通わせる、有力な方法のひとつと言えるでしょう。

趣味を増やし、面白い人に会いに行こう

相手との共通点を探して良い雰囲気を作れれば、短期的にそのプロジェクトがうまく運べるだけでなく、長期的な人脈となって公私にわたりあなたにプラスをもたらします。

だからこそ、後輩たちが完璧に練習したプレゼンをロボットのように演じているところを見かけると、ジョージはすぐさま、適切なプレゼンの中身よりも適切な雰囲気を作ることのほうがずっと大切だ（"Context supercedes content."）と伝え、レベルアップを図っていました。ジョージによれば、このスキルの習得には長い時間がかかり、話題として最もふさわしい共通点を室内で見つけられるよう、意識して努力することが必要です。

そのために普段からできることでいえば、面白い人たちに会うことです。そうした人たちと楽しく会話をするには、趣味を増やすのがひとつの訓練になります。特に、一流のリーダーがたしなむ美術・工芸品や音楽の鑑賞を選んでみてください。旅行する時はただの観光だけでなく、現地の活動に参加したり、文化を肌で感じられるような体験を求めるのです。ただし、これらは表面的な努力にすぎません。本当に大事なのは、より親しい関係になれるよう常に意識することです。

あなたもリーダーへの次のステップとして、室内で共通点を見つけることを実践し、気の合う目上の人たちと〝心を通わせる方法〟についてじっくり考えてみましょう。

原則
24

励まされる人でなく、励ます人になる

「他人の雲にかかる虹となれ」

アメリカを代表する詩人である故マヤ・アンジェロウーが遺した、私のお気に入りの名言は、ここで紹介するのにぴったりです。アンジェロウー自身が、私を含めた多くの人々の心にかかる虹でした。[*4]

冴えない1日で、仕事のやる気が今ひとつ湧かないと感じていた時に、こうした名言や他人がかけてくれた言葉に救われた思い出はありませんか。

- 「大丈夫か？　少し休憩したらどうだ？」
- 「今日はちょっと元気がないみたいですね。何があったんですか」
- 「いつもの元気はどこへいった？」

キャリアのある時点までは、励まされる側にいることに何の問題もありません。まだ修業中の見習いだからです。しかし、ある時点を過ぎたら、変わらなければなりません。

その転換期とは、あなたがリーダーの役割に移行する時です。思いやりのある温かい言葉を受ける側ではなく、与える側にならなくてはいけません。

毎日職場に着く前に、「ムードメーカー」や「励ます人」としての仕事用の姿勢に気持ちを切り替える場所を決めておきましょう。オフィスビルの入り口ドアでもいいし、上着を身につける際でも構いません。強いストレスを感じる状況であっても、チームメンバーの前では落ち着いて笑顔でいられるように訓練しなければなりません。リーダーとは、そうした意識的な努力を通じて成熟度を増していくものです。

ロールモデルを真似ることから始めよう

エネルギッシュな人を心に思い描いてください。ロールモデルや指導役のほか、しっかり者の同僚でもいいでしょう。その人物を真似ることを今から始めましょう。

まず「その人はなぜ、他の人たちとは違い、いつでもエネルギーに満ちあふれているのだろう?」と考えてみてください。

私はあるプロジェクトで、起業家からエンゲージメント・マネージャーに転身した同僚のマークが、いつでも楽観的でエネルギーにあふれていることに気づきました。進捗状況の評価会議でチームがどんなにぐったりしていてもおかまいなしに、マークはたちまち元気を回復し、「やっとひと段落したな。で、次はどうする?」とか「他に誰から指示をもらえばいいかな?」などと聞いてきました。彼の狙いは常に、みんなを元気づけることと物事を次のレベルに推し進めることにありました。

「それは、持って生まれた役回りではないか」と思うかもしれません。その通り、いえ、事実の半面だけを表していると言ったほうがいいでしょう。

マークは、自分の役回りに強い自覚を持っていたからです。こういう資質を生まれながらに備えている人はごくわずかです。彼はその後、巨大投資企業UBSの台湾支社でトップの補佐役になりましたが、励ます人としての彼のオーラは一層輝きを増しています。マッキンゼー退職後の現在も、プライベートな時間を使ってマッキンゼーで数週間にわたる研修を受け持っているほどです。

マークから学べることとは、リーダーに移行すると「励ます人」や「ムードメーカー」になることが大切なのはもちろん、いったん習得したらこうしたスキルと姿勢は一生失われないということです。

「退却戦法」も覚えておこう

とはいえ、ときには憂鬱な気分が募ることもあります。「こういうふうに行動しなければならない」と頭では分かっていても、不満のはけ口が必要な場合があります。

そんなときは、どうすればいいでしょうか。

ひとつの方法は「退却戦法」を使うこと。つまり、現在の状況の外に出て、第三者の視点で状況を捉えるのです。こうすると、自分の現在の立場と憂鬱な気分の原因が客観的に見えます。

また、信頼できる人物に話したり、自分の気持ちを書き出してみましょう。こうすると胸のつかえがとれ、当面の間は不安を軽減することができます。

原則 25

常に相手の良い面を見つける

気の合う仲間が周りにいないと、仕事は楽しくありません。ただ、なかなかの難題でもあります。なぜなら、人にはそれぞれ個性があるし、一緒に仕事をするのに最適の仲間を選べることは滅多にないからです。

では、どうすればいいか。秘訣は、どんなチームにおいても、〝一番いい仕事仲間〟を探すのではなく、仲間の一人ひとりについて〝一番いいところ〟を探すことです。その大切さを、私はマッキンゼーのプロジェクト・カルチャーで学びました。

マッキンゼーでは、ひとつのプロジェクトのために集まって終われば解散し、また次のプロジェクトに就き解散する、という繰り返しです。したがって、キャリアのある時点までは、自分で仕事仲間を選ぶことは非常に困難で、実のところ何ひとつ選べませんでした。エンゲージメント・マネージャーになっても、チームメンバーを選ぶのは大抵の場合はプリンシパルかアソシエイト・プリンシパルの仕事だったからです。

私にとって初プロジェクトのチームには、入社したばかりの落ち着きのない変わったアソシエイトがいました。非常に優秀な経歴ながら、どういうわけか自信のなさそうな人でした。例えば、進捗状況の評価会議で、彼は私に外に出るようにわざわざ言いつけ、会議室から締め出したこともありました。ガラス戸の外に立つ私を見ても、彼はおかまいなしです（ほかの人たちからは見えない位置だったのです）。

当時のエンゲージメント・マネージャーはご多分にもれず手いっぱいだったので、この問題を私は自分で解決しなければなりませんでした。さて、どう対処したと思いますか？

他人にも前向きな意図があると信じる

チーム内の力関係を変えるのは無理だ、と私には分かっていました。相談すべき相手も見つからず、1年目から問題を起こしていると思われたくなかったし、かといって真っ向から対立するのも得策ではなかったので、唯一残された手段をとることにしました。

それは「考える視点」を変えること。そのアソシエイトは何らかの善意に従って行動している――つまり、心の底から私やプロジェクトや成果のためを一番に思っている、と考えることにしたのです。それが私にとって唯一の選択肢でした。

彼はマッキンゼーの厳しい採用プロセスを通過して雇われているのだから、私はそのシステムを信用するべきだ、さもなければ、マッキンゼーを信頼していないことになる、と考えました。しかし、この行動と考え方で私は生まれ変わりました。そして、多くの人たちが同様の意見を持っていることも、後になって分かりました。

仕事に前向きな姿勢を自分が持つだけでなく、他人にも前向きな意図があると信じることが大切です。非常に厳しくペースの速い環境で働いていると、誤解が生じ、善意が裏目に出る場面も生じ得るため、こうした姿勢を維持することは重要です。

ペプシコ社の会長兼CEOインドラ・ヌーイも、次のように述べています。「他人の言葉や行動は、何であろうと善意に解釈することが肝心です。そうすれば、人間関係や問題への対処法が驚くほど様変わりするでしょう」(『フォーチュン』誌「CEO／リーダー25人に聞く　私が受けた最善のアドバイス」)。

相手との〝共通点〟を探し出す

マッキンゼーでのキャリアを通じ、私に対する評価には必ず「他人に関して圧倒的にポジティブな姿勢」を褒める一文が入っていました。相手がクライアントであれ、チームメンバーであれ、プリンシパルであれ、私は誰に対しても良いところを見つけるように努力しました。他人をこの視点で捉えると、人生についても前向きに感じられるようになりました。

もちろん私も、相手と自分の違いに驚いたり、相手の態度にムッとすることがまったくないとは言いません。しかし、共通点を探したほうが、人間関係はうまくいきます。これはコミュニケーションを円滑に進める最初のステップであり、私は初めて会った相手にはすぐに自分との共通項や良い面を探し出します。

つい先日も、初対面の7人を含む準公式のディナーの席で、出席者のうちの2人がさっそく連絡先を交換しているのが聞こえてきました。私の場合、相手との共通点が見つからなければ、相手について最も感銘を受ける点を探して、自分も関心を向けようと考えます。

あなたにとっては、ある人の欠点だと思えることも、ほかの人は違う受け止め方をする場合があります。例えば、誰かがプレゼンテーション中に熱くなりすぎて発言を止められた場合、「情熱的で役に立つ奴だ」と考える人もいれば、「不愉快で嫌な奴だ」と考える人もいます。私はいつでも前者の見方をするように努めます。

人は知覚したものを無意識のうちに大げさに受け止め、そのせいで視野が狭められてしまいます。人の心というものは、現実を歪めたり、批判的になる性質をもっていることを忘れずに、理解を深めましょう。

別の例を挙げましょう。

雨について考えてみてください。雨が降るのを待ちわびていた農家の人だったら、飛び上がるほど喜ぶでしょう。しかし、週末にハイキングを計画していた人なら、おそらく喜ばないはずです。つまり、知覚される事象とその価値は、期待に応じて極端に異なるのです。

他人の良いところを見つけるために、あなたが今すぐ実践できることがあります。次のポイントに従って、さっそく意識を改めてみましょう。

1　物事を前向きに捉える
2　他人について優れた点だけを思い出す
3　小さな物事に価値を認めることを通じて、前向きな姿勢を保つ
4　批判するのではなく好奇心を持って「それは面白い」と考える
5　自分との相違点を無視する

ところで、先ほどの落ち着きがなく変わったアソシエイトについて、どんな発見があったと思いますか？

私は、彼が非常に努力家であることを発見しました。プリンターの問題解決に5分かけるくらいなら、その時間をもう1枚のスライドの作業に充てようとします。また、インパクトの大きな成果を出すことに、当時の私よりもはるかに熱心に取り組んでいるようでした。プロセスのフローチャート作成に必要な正しいデータを収集するため、クライアントの担当者に徹底的に確認することも怠りませんでした。もう終わりにしよう、と決して言わない人でした。その粘り強さに、私は感服したのです。

原則 26

チームメンバーの人生の転機やプライベートな面を知る

ある日、私を含む20人ほどの同僚が、短期リーダーシップ研修に密かに招かれました。招待されたのは、エンゲージメント・マネージャーからシニア・ディレクターまで、在籍期間もさまざまな人たちです。異なる階級で一緒に集まる設定は、珍しいことでした。

学習効果を高めるための事前準備として、作文の課題が与えられました。MBA（経営学修士課程）で書かされたエッセイのように、人生の転機や失った大切なもの、夢、人生で起こった出来事など、人生に関する短いエッセイを書く、という課題でした。

研修の朝、U字型に並んだ私たちは、講師から2人1組でチームを組むよう言われました。そして次の瞬間、講師が各人のエッセイを「声を出して読むように」と指示したことに、誰もが驚きました。というのも、エッセイの内容は、離婚や苦しい病気、子供時代のトラウマなど、心に秘められてきた私的な物語ばかりだったからです。

それまでに経験のない、心を強く揺すぶられた体験です。心に響くエッセイに耳を傾けていると、各人のリアルな生き様がまざまざと浮かび上がりました。

私自身もその場で、ある同僚と互いについてほとんど知らなかったことに気づきました。一緒に食事をしたり、やりがいのあるプロジェクトの話をしただけでなく、一緒に出張に行ったことさえありましたが、個人的な話はどうも避けていたようです。腹を割って話したことがなかったことに気づき、私たちは顔を見合わせて肩をすくめました。

公私は分けるべきか?

公私をきちんと分けようとして、一般的に職場ではプライベートに関する会話を避ける傾向があります。私のエンゲージメント・マネージャーだった人が、アメリカから香港に異動になったのを機に久しぶりに会った時に、彼の家族が台湾出身だと初めて知りました。かつて、私はビジネスアナリストとして彼と一緒に5カ月も同じプロジェクトで働いていたのに、まったく知らなかったのです。私が面食らっていると、彼は「だって一度も聞かなかっただろう?」とからかうように微笑みました。

先ほどのリーダーシップ研修のように手段と雰囲気さえ整えば、人はもっと絆を深めることができるのです。私たち約20名のグループには、シニア・ディレクターも若手エンゲージメント・マネージャーもいましたが、数日間の研修をきっかけに全員が意気投合しました。

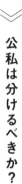

古代ギリシアの哲学者プラトンが「1年間会話するより1時間遊んだほうが相手をよく知ることができる」と語った通り、この研修は舞台こそないものの、観客の前で自分の人生を演じるという私にとって初めての体験でした。

そのときの様子を、想像してみてください。ある参加者は、夫と離れ離れに暮らす結婚生活がどれほど辛かったかを思い出して泣き出しました。あるいは、音信不通になった父親について語った人もいます。自分が読む順になると、私たちは不安と期待と恐れが入り混じった気持ちになりました。中学や高校以来、味わったことのない興奮で、誰もが傷つきやすい心を完全にさらけ出し、地に足がついていない感じがしました。この研修から学んだことは、他人との連帯感を育むような有意義な体験を共有すると、素晴らしい成果がもたらされるということです。

個人的事情を分かち合うと仕事にもプラス

仕事仲間と、気軽にプライベートな話を分かち合うことは難しいでしょう。けれども、お膳立ての有無にかかわらず、人生の転機について打ち明けることで、互いの理解を深め、日々の人間関係を向上させることができます。

多くの一流企業は、人間関係を向上させる研修に毎年多額の資金を投じています。スターバックス社では、人間関係の向上を目標として、難しい状況を乗り切る方法（同社の場合は客の怒りに対処する方法）に的を絞った、特別な社員研修を実施しています。[*5] フェイスブック社ＣＯＯ（最高執行責任者）シェリル・サンドバーグも、著書『ＬＥＡＮ ＩＮ（リーン・イン）女性、仕事、リーダーへの意欲』（日本経済新聞出版社、村井章子訳、２０１３年）のなかで、最初は仕事用の仮面をつけていたが、やがて本当の自分を見せるようになったと言い、「自分の真実を語り、個人的な事情を話し、仕事上の決定から感情は切り離せないものだと認めることにメリットがある」と書いています。

実際、そのことは仕事面で本人に有利に働いていたようです。米財務長官ローレンス・サマーズからの魅力的な依頼を、サンドバーグがワシントンは離婚の辛い思い出が蘇るからという個人的な理由ではなく、仕事を理由に断っていたとしたら、返事を翻したいと思った時に、あれほど素早くサマーズ長官に電話できなかったはずです（サンドバーグは１９９６年から５年間、サマーズ長官の首席補佐官を務めた）。[*6] 彼女が思慮深く、個人的な事情を正直に伝えていたために、一度は断った仕事に就くことができたのでしょう。

スキルより意思に働きかける

改めて、この原則の根底にある「共感」について理解を深めることが大切です。人間は

図2-2　スキルと意思の関係

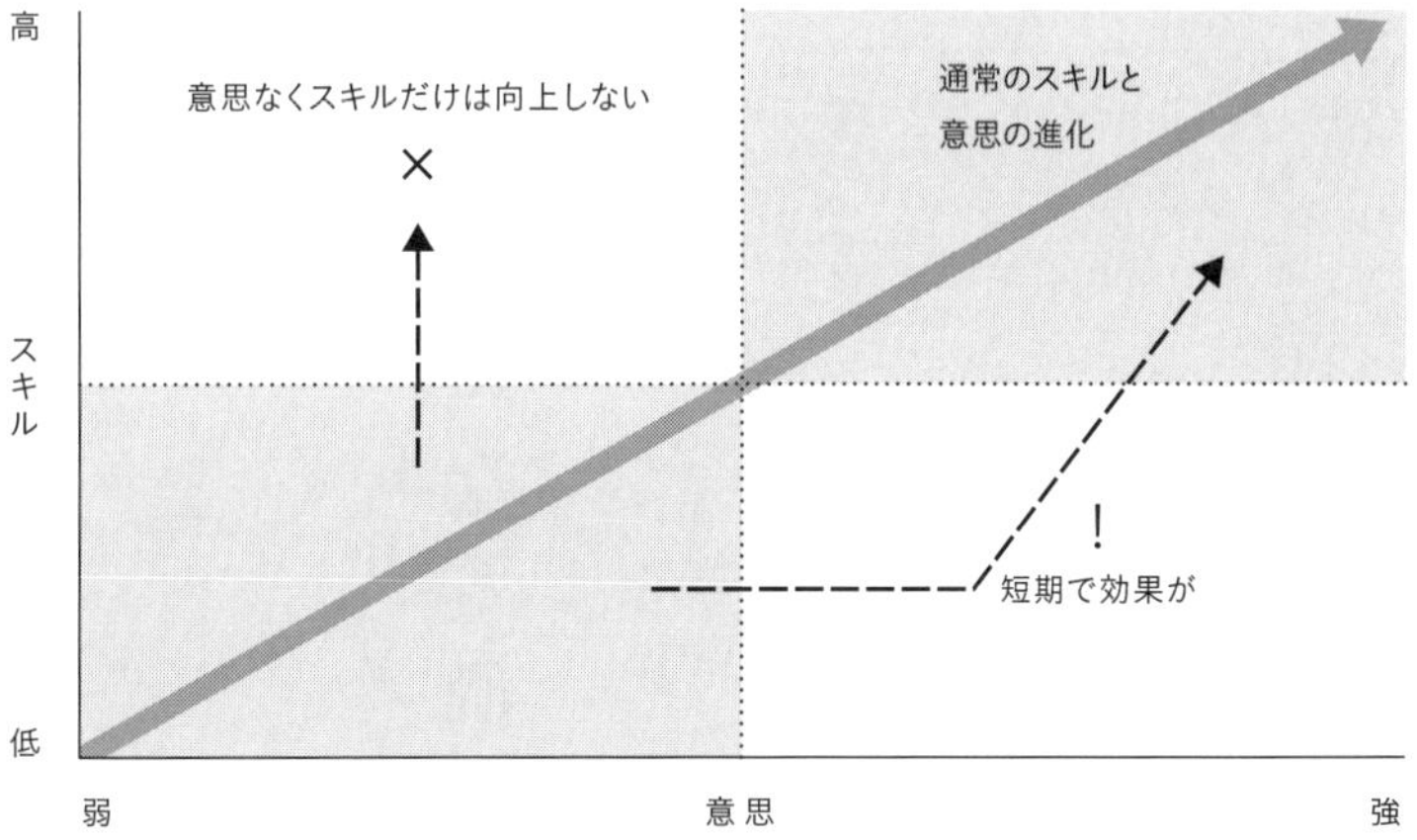

他人に対する感情に心を動かされます。あなたがリーダーへと成長するにつれ、他人の意思や意欲、感情を理解することがより重要になるでしょう。

ここで、スキルと意思の関係について考えてみましょう。

個人のスキルと意思を評価するために使われる表があります（**図2－2**）。横軸は実践的なスキルの高さを、縦軸は意思の強さを表します。スキルは大切ですが、仕事をこなすのは意思の力です。したがって、管理者から見ると、短い時間で大きな成果を上げるには、意思に働きかけるほうが効果的です。

さらに、さまざまな研究で明らかになっているように、意思の強さは、成功する人物かどうかを見極めるための優れた指標です。プロジェクトの成功も、ひいてはリーダーとしてのあなたの成功も、チームメンバーの意思の力にかかっています。私的な話でチームメンバーとの絆が深まれば、信頼と意欲が高まり、より高い目標に向かってチームが一丸となって貢献できるでしょう。

原則 27

メンバーはリソースではなく〝頼りになる個人〟と考える

「利用価値があるリソース」として扱われることは、誰にとっても不愉快です。それなのに、そうした態度が散見されるのはなぜなのか、実は明らかな理由があります。企業のピラミッド型の階層組織では、組織文化が当然のように「人材は代わりのきく消耗品だ」と見なしているからです。事例には枚挙にいとまがありません。この呪縛を解くにはどうしたらいいでしょう?

あなたにできることとして、次の4点が挙げられます。

- **「レバレッジする（活かす）」という意識を持つ：**レバレッジというのは、マッキンゼーで頻繁に言われていた言葉です。この「レバレッジする（活かす）」のと「使う」のでは、発想が大きく異なります。あるプリンシパルいわく「〝使う〟のが一方向の線のイメージであるのに対して、〝レバレッジ〟は複数の線が網状に交錯しているイメージ」なのだとか。このレバレッジの発想は、早い時期から知っておくとよいでしょう。

例えば、中国とカナダにまたがるプロジェクトを手掛けていた時、私はアソシエイト・プリンシパルのひとりに「午後11時にオフィスに戻ってきてほしい」と頼みました。資料の完成が締め切りに間に合うかどうか、非常に厳しい状況だったからです。

彼はクライアントとのディナーに出かけた後で心よく戻ってきて、CEOにメッセージを伝えるために特に重要な数点の図表作成を手伝ってくれました。結局、私たちは翌朝までに、時間通り最終報告書を完成させることができました。

誰かを活用する場合、あなたの姿勢は「力を貸してもらっている」という感覚です。同様に、誰かがあなたを活用する場合も、同じ感覚を抱くでしょう。この違いを初めから認識していることが重要です。

- **辛い仕事を率先してやる**：大抵の場合、あなたの信用を決めるのは、一緒に働く人たちから見た、あなたの仕事に対する熱意です。あなたの地位が上がれば上がるほど、リーダーとしての戦略だけでなく、あなたの行動に周りの人たちは注目します。

したがって、常に大事なのは、みずからも手を汚し、最前線で辛い仕事をこなせる人だ、ということを身をもって示すことです。面倒な仕事を率先して引き受けたり、困難な問題に突破口を開いたりする人になりましょう。ホワイトボードに書く役を何度でも務めましょう。チームメンバーをどんどんランチに誘い、仕事が順調かどうか確認しましょう。

「私にとって重要なことは、チームが問題解決に取り組んでいる時、私がいなくても大丈夫だと確信が持てるようになるまでは、その場を離れないことです。途中で投げ出すことは絶対にありません」と、4カ国で勤務経験を持つプリンシパルのアイザックは言っていました。あなた自身がすでに最前線にいて、成果を生み出すことに必死で取り組んでいれば、一人ひとりを消耗品として扱う心配はありません。

● **なるべく、「自分にしかできない」と相手に思わせる**：一番大きなやりがいを与えるには、相手に「自分は特別だ」と感じてもらうことが大切です。これを確実に実現する方法は、そう難しくはありません。なぜそれが相手にぴったりの仕事なのか、話し合いの最初か最後にあなたの考えを忘れずに述べればいいのです。

ポイントは、相手を乗り気にさせることです。ただし、相手が心のなかで大事に思っているものが何かを知らないと、相手の心を惹きつけることはできません。この手の情報は、食事をしながら収集するのが一番です。プロジェクトや他のつまらない話をするのではなく、食事の時間を利用して、相手が際立って優れている点を探り当てましょう。

●感謝の気持ちを言葉と態度で示す：ごく当たり前のことだと思っていたのですが、基本的な礼儀が忘れられている場面に信じられないほど多く出くわします。感謝は相手をひとりの人間として尊重することを示す最も簡単な方法ですが、なかなか感謝の気持ちを表せない人もいます。私たちが提供した仕事に対して「ありがとう」のひと言が言えないリーダーは少なくありませんでした。感謝されないと、人は「自分は価値のない人間だ」と思うだけでなく、「感謝してくれないような相手とは、もう一緒に仕事をしたくない」と考えます。

「ビジネスの関係に感謝の気持ちは不要だ」とか「目下の相手につけ込まれる」と言う人もいますが、まったく逆です。自分の命令に従う人物を、搾取の対象や、道具、利用価値のあるものとしてしか見ていないからこそ、そういう発想になるのです。相手を尊重することは、職業人として必要不可欠なマナーです。

感謝の気持ちを示すのは、ただメールに書くだけでは不十分です。相手に面と向かって、はっきりと感謝の言葉を伝えていますか。また、効果的な場面を意識して選んでいるでしょうか。できれば、人を褒める時は、相手にとって重要な人たちの前で褒めるのが一番です。

原則
28

毎週、面白い人たちと食事に行く

私がマッキンゼーに入社早々、シニア・プリンシパルから得た最善のアドバイスは「たとえ午前3時に仕事に戻ることになるとしても、面白い人たちと出かける時間を惜しむな」というものでした。もし、あなたが繰り返し思い出すような考えや発言を分かち合える相手なら、その人物と会うのは非常に価値のあることです。このプリンシパルは、特に20～30代の初めまでに、心に刺激を与えて精神的に成長することがいかに重要か、非常に熱心に説いていました。

私自身が最近会った3人を思い返してみても、特別有名な人ではありませんが、興味深い気づきがあり、それぞれに刺激を受けました。

例えば、文芸創作講座を教えている教授からは、チャンスを追求するにあたり、見込みが厳しい場合でも早期に立ち直り、独自の方法で実現を目指す戦略性と努力が大切だと学びました。この教授は、イギリスで2人の子供を育てながらフルタイムで翻訳家として働き、箔をつけるために数冊の本を出版する傍らで、夢だった博士号を通信教育で取得したといいます。

若いヘッジファンド・マネージャーの友人は「ヘッジファンドでは目標額を達成している限り、何をしていようと自由」だと言っていて、コンサルティングのように、クライアントに奉仕の精神で対応する仕事とは大きく違う性質の仕事だと分かりました。したがって、数字を追うのが好きで白か黒かはっきりした「結果」重視の仕事をお好みの人には、ヘッジファンド・マネージャーの仕事が合うだろう、と思いました。

グーグルの友人からは、グーグルがマッキンゼーに輪をかけて社員を大切にする企業だと聞きました。グーグルはどちらかといえば技術系の企業で、革新的なサービスや製品だけを何よりも重視しているのではないかと個人的には思っていたので、嬉しい驚きでした。

こんなふうに、さまざまな気づきを得られるのが、人に会うことの大きな楽しみといえるでしょう。

相手に聞いてみると面白いポイント

誰かと会う約束はしたものの、何を話せばいいか分からない、という人もいるかもしれません。私の経験上、聞いてみると面白い基本的な質問を3つ紹介します。

- 仕事で楽しいこと、やりがいを感じることは何ですか？
- どんな展望を持っていますか？　どうやって、そこに至りましたか？
- 最近、何か新しいことや面白いことはありましたか？　興味を惹かれたことは何ですか？

面白い人たちとのミーティングは、簡単にかなうものではありません。そういう習慣に慣れていない場合は特に、忍耐力が必要です。あなたの現在の行動様式を変える、しっかりとした方法を確立してください。

人と会う習慣が楽に身につくガイドラインを次に挙げておきます。

- 身近な人から始める

- 業界、職種、興味、年齢層など、あなた独自のフィルターを作る
- メールアカウントの連絡先リストを開き、数カ月以上会っていない人を4〜5人選んでメールを書く。日曜日の朝にやるのが最適！
- 週のなかで、うまくいく可能性が一番高い日を選ぶ。私の経験則では、先方の時間を押さえやすいのは木曜日。一方、水曜日は一番忙しいことが多く、金曜日はプライベートなど比較的カジュアルなディナーのために確保している人が多い。
- 先方にどうしても教えてもらいたい、極めて重要な質問やテーマを少なくともひとつは考えておく。また、あなたから相手に伝えたい事柄も準備しておこう
- 1回きりでなく、継続的に行う。キャンセルされることがあってもくじけないこと。キャンセルはよくあることだと心得よう
- 雑談を終えた後に「あのミーティングは最高だった」とか「あれは時間の無駄だった」とランクづけしない。また、自分自身のこともランクづけしないように！

効果を上げる方法の一例として、ミーティング後に考えたことや感じたことをまとめてメモしておくといいでしょう。私は小さな手帳を携帯していて、相手と別れたらすぐに腰を下ろし、学んだことを15分ほどかけてまとめます。こうすると、記憶が鮮明なうちに記

録できます。

刺激の源は、人でなく本の場合もあります。「読んだ人の人生を変えるような一節や考えがひとつでもあれば、その本はそれだけで読む価値も、読み返す価値もある」と言われる通りです。

多くの人や本に出会うべき最大の理由は、あなたの思考力を高めるためです。リーダーになる人は、その兆候が20代の終盤からはっきりと現れ始め、50歳の人に相当する複雑な思考力を持っています。

ハーバード大学教授ロバート・キーガンとリサ・レイヒーが行った研究によると「複雑な事象を処理できる思考力の高さと、仕事における有能さは、多くの角度から診断して相関関係にある。〔中略〕CEOや中間管理職については、精神的な成長と仕事の能率が相関関係にある」[*7]ことが分かっています。

チームメンバーへの思いやりを持つ

Understanding

原則29

チームメンバーをしっかり評価する

……チームメンバーの仕事の進め方、問題分析力、やる気、協調性、過去の業績などを分析し、人物を鋭く見極めてください。

原則30

やりがいのある仕事を割り振る

……主体性を発揮でき、やりがいがあり、見返りの大きな業務を与えることにより、成長の機会を与えましょう。

原則31

コーチングを通じてフォロワーを増やす

……チームメンバーの指導は、信頼関係の構築に絶大な効果があります。

原則32

フィードバックはポジティブに！

……たとえ批判しても、簡単なテクニックを使えば必ずしも辛辣な印象を与えません。

原則33

アシスタントを大切にしよう

……アシスタントやサポートスタッフはあなたの成功の鍵です。とことん大切に！

原則
29

チームメンバーをしっかり評価する

誰かに仕事を割り振る際、依頼する仕事の量をどのように決めていますか。基準とする方法があるでしょうか。また、他人の能力を見抜くのが本当に上手な人がいますよね。どうしたらそんなふうになれるのでしょうか。

リーダーの立場になると、他人の能力を鋭く見抜くスキルを身につけなければなりません。リーダーは、この点で他より抜きん出ているとも言えます。仕事の規模によって大中小に分類し、それぞれにおける遂行能力や成果の量・質について、アンテナを張り巡らせて情報収集に努め、チームメンバーの能力を評価しましょう。

「××さんのせいでこんなに面倒なことになると分かっていたら、この仕事は自分でやったのに」と心のなかでつぶやいた経験はないでしょうか？　無駄なやり直しが発生して、壁に頭をガンガンぶつけたり、あるいはコンピューターをバシッと叩いたりした経験が1度や2度はあるのではないでしょうか？　力不足のチームメンバーのせいで迷惑を被ることは最低の悪夢です。

しかし問題は「本当に無能なのは誰か」という点です。チームメンバーでしょうか、それともリーダーであるあなた自身の可能性はありませんか?

「聞き手が誤解するのは、聞き手の理解力が足りないせいではなく、話し手が分かりやすく話していないからだ」とよく言われるように、プロジェクトのリーダーとチームメンバーには、状況を把握するための共通の尺度が必要です。その柱となる4点を覚えておきましょう。

・相手にふさわしい仕事を依頼しているか
・最終的なアウトプットに関して、十分な注意を払い、分かりやすく説明しているか
・想定した締め切りは妥当か。楽観的すぎていないか
・起こり得る障害をすべて考慮に入れたか

メンバーを評価する5つの視点

ほとんどの場合、リーダーがもたらす最大の価値とは、さまざまな問題と取るべき行動を「ひと口大に細かく切り分ける」こと、つまり、他の人が言葉で理解できるように示す

ことです。相手が咀嚼《そしゃく》しやすいように調整し、相手にぴったりの形に仕上げるのはリーダーの役割であり、その逆ではありません。

私の経験から言うと、チームメンバーをきちんと評価するためには、次の5つの視点を念頭に置き、指針にするといいでしょう。

1 プロセス：並行作業はどれくらい順調に進められるか。仕事を取捨選択し、優先順位をつけることができる人なのか。仕事の計画を立て、同意したスケジュールを守れるか

2 問題分析：分析力はどれくらい優れているか。どんなスキルを備えているか。指導や訂正をどれくらい必要とするか

3 意思・姿勢：依頼されたことを上回る成果を上げそうか。学習意欲はどれくらいあるか

4 協調性：成熟度はどの程度か。チームやクライアントに良い影響を与えられるか

5 過去の実績：大きな欠点はないか。急速に成長しているか

この1〜4の項目について実態を把握するには、割と簡単にすぐできる次の2点を実行しましょう。

・**雑用を頼む**：書類の印刷などの雑用を頼んだ時は、必ず注意深く観察してください。ページの書式は適切ですか。どんな書式にするか、まずあなたの意向を確認したでしょうか。もし希望の書式が分からなかった場合、2種類のバージョンを作りましたか。こうした点を手がかりに、相手の思慮深さが分かります

・**最初の数日間、メンバー一人ひとりとの時間をたっぷり取る**：最初の数日間はこまめにメモを取りましょう。プロジェクトがかなり進行しチームに波に乗ってもらおうというタイミングでの余計なやり直しを防ぐのに役立ちます。また、才能に加えて性格を観察することも忘れないでください。仕事がきつい時でも、性格の良いメンバーは大きな役割を果たしてくれるからです

原則
30

やりがいのある仕事を割り振る

数年前、プロジェクトの反省会をしていた時に、若手のエンゲージメント・マネージャーが「業務を割り当てるのが難しかった」と言っていました。前項で取り上げたように、

あらかじめ適性評価をしておくことが肝心ですが、有意義な業務を与えるには確実なルールがあります。

やりがいのある仕事を作り出すには？

有意義な仕事をチームメンバーに与えると、リーダーの仕事が楽になるばかりでなく、その成果もより優れたものになります。私がエンゲージメント・マネージャーになって間もない頃、シニア・プリンシパルから次のように教えられ、なるほどと納得したことがあります。

「メールでチームメンバーに『〇〇をやるように』と指示を出すなら、その業務を完了するのにかかる労力と時間は、メールを書くのにかかる時間の少なくとも3倍以上であること。そうでなければ自分でやれ」

もちろん、実際の時間を計ることはできませんが、要点は明快です。有意義な業務とは、時間と労力がかかり、インパクトがあるものです。

あなた自身がやっていて楽しい業務を振り返ってみれば、3点ほどのわずかな要素に絞り込まれるはずです。

第1に、子供の頃補助なし自転車に乗れるようになった時のように、みずからの力で取り組めたこと。第2に、完了した業務が簡単ではなかったこと。自転車に乗れるようになった日の思い出を一生忘れない人が多いのも同じ理由です。第3に、周囲の人たちや上司が自分の功績を認めてくれたこと。評価に値するほど、重要な意味を持つ業務でなければなりません。公園にいる子供たちの羨望の眼差しを浴び、両親や他の大人に褒められて、自転車に乗るという自分の新しいスキルに有頂天になったはずです。仕事を割り当てる際には、主体性を持って取り組めて、難易度が高く、誇らしく思える有意義な業務にしてください。具体的には、どのような仕事がその条件に当てはまるでしょうか。

1　メンバーが主体性を発揮できる仕事

- ほかのチームメンバーと重複しない自立した内容（全面的な責任を与えられ、明確な所有権がある）
- 会議における唯一の議題として、担当者にプレゼンテーションをさせたり、議論を主導してもらうことができる
- 仕事を完成させるために、他の人からデータや指示を待つ必要がない
- ひとりでこなせて、他の人たちと同じ部屋にいる必要がない

2　難しくて、やりがいのある仕事

- 明瞭な解決策やアウトプットがあるが、そこに到達する方法は明らかではない
- 本人の許容範囲外にあるが無理ではない
- 全面的に新しい仕事か、半分は新しい要素がある
- 「この仕事についてじっくり考える時間をとろう」というフレーズがしっくりくる
- もしも自分が担当するのなら、ワクワクする

3　評価に値する仕事

- 顧客に対しても、社内的にも明瞭なインパクトがある
- 独自性があり、示唆に富み、現実に存在する
- ピアノが弾けることのように、万人にすごいと考えられている

やりがいのある仕事を割り振るには、これら3つの側面をすべて考慮するとともに、それが業務全体のどのような位置づけにあるのか、担当者がきちんと理解できているのが大事です。全体像をしっかり説明すれば、チームメンバーはあなたの思いやりに感謝するだけでなく、より良い成果を生むために最善の努力をしてくれるからです。アウトプットを

形にしようと夢中になっていて忘れがちなことですが、ネットワークで接続されたコンピュータと違い、チームメンバー全員の考えが自動的にシンクロされるわけではないのだ、と肝に銘じておきましょう。

最後に、ほかの人にスポットライトを当てるチャンスを必ず活かしましょう。

あるメーカーのクライアントとの最終評価会議の席で、クライアントが「回帰分析から強力な示唆が導かれたのは、80棟以上もあるすべての倉庫から在庫データを収集した服部さん（私）の奮闘のおかげだ」と言及して褒めてくれたことがありました。自分にとっても嬉しい出来事でしたが、そこで私は「分析が実現したのは、チームのメンバーが辛抱強く何ギガバイトもあるデータをダウンロードしてくれたからです」とコメントしました。クライアントにチームメンバーの頑張りを認めてもらいたかったからです。

社内のチームや部門長だけでなく、最終顧客に至るまで全員に、チームメンバーの働きを認めてもらえるように、思いやりを持ちましょう。チームメンバーに正当な評価を与えることは、リーダーであるあなたの責任です。場面を賢く選び、惜しみなく評価してあげましょう。

原則
31

コーチングを通じてフォロワーを増やす

どんなリーダーにも必要不可欠で、地位が高くなるにつれ周囲の人が羨むものといえば、部下との信頼関係です。部下がついてくるリーダーと聞いて連想する言葉には「感銘を与える人」「カリスマ的な人」「革新的なアイデアを持つ人」「情熱的な人」「他の追随を許さない人」などが挙げられるのではないでしょうか。

こうしたさまざまなリーダー像には、時間をかけてもなかなか到達できない理想像が多く、絶対に無理なものさえあります。しかし、献身的な指導は、部下との信頼関係を築くうえで絶大な影響があります。しかも、嬉しいことに、誰にでもできることです。

私には、人生を変えるような出会いがありました。

相手は、上海での私の初プロジェクトで、エンゲージメント・マネージャーだったポールです。几帳面で思いやりがあり、冒険心にあふれる人で、中国における国際的なプロジェクトを担当していました。

あるとき週末に出社して、私ともうひとりのアナリストに財務モデルの作り方を教えてくれると申し出てくれました。彼は冗談のつもりで、私たちを週末の無料研修に誘ったのです。ところが2人とも「お願いします！」と叫んだので、驚いていました。

次の土曜日、午前10時から午後6時まで私たちに付き合って、みっちりと教えてくれました。彼は以前、ドイツで財務モデリングを教えていたといい、まさに最適の講師でした。その晩、私たち3人はともに学ぶことへの情熱に乾杯して1日を終えたのですが、とても楽しい経験でした。

同じような話は、マッキンゼーでよく耳にしました。シニア・リーダーは、社内の同僚のためになる、より大きな善をなすためなら、自分の時間を喜んで提供します。なぜなら、未来のリーダーを育てることが、マッキンゼーの成功にとっても、ひいては自分の成功にとっても不可欠であると知っているからです。

人に教えると自分にエネルギーが戻ってくる

実際に、誰かのために時間を割いて率先して行動するのは、口で言うのは簡単でも、実行するのは難しいものです。特に、ひっきりなしに業務をこなす多忙なリーダーの場合、実務指導は義務でもない限り、なかなか手が行き届きません。たとえそれほど忙しくないとしても、自分の貴重な時間を割いて、再び一緒に仕事をするかどうか分からない相手を指導することに、大きな意味を見出せるものではありません。

数年後、ポールは次のように言っていました。

「人に教えると、結局、自分にたくさんのエネルギーが戻ってきます。指導することにより、チームとして日々の生産性が高まるだけでなく、教えるテーマについて自分自身の理解も深まります」

どんな仕事であれ、リーダーとして成功するためには、部下への指導が不可欠です。さらに、部下には自分のような価値観を持ってもらいたいと考えるはずです。あなたの献身的な指導を通じて、望ましい考え方が部下に育まれるのです。これは実務にもかかない、個人的にも有意義なことです。

ポールは、後輩を指導することに誇りを持っていました。実際、彼の尽力で多くの若手コンサルタントが成熟したリーダーへと成長しました。彼が構築した信頼関係は一生ものです。私は今でも助けが必要になると、彼に連絡を取ります。そのお返しに、彼が私の助けを必要とすることがあれば、どんなことでも力になるつもりです。一緒に仕事をして早5年経ち、遠く離れてはいるものの、私たちの付き合いは続いています。実務指導を通じてそうした特別な関係を育むことができるのです。

別のプリンシパルは、自分の実務指導の大部分は、仕事以外の問題について話すことだと言っていました。キャリアや、興味のある分野の目標について話し合う時間をスケジュールに入れるそうです。彼は標準的な書式を作り、チームメンバーの長期的な志や長所、学習の目標、成長のニーズなどを1冊のバインダーにきちんと整理していました。その内容を、チームの各メンバーと2～3週間ごとに確認するのだそうです。すると、やりとりを確認しながらチームメンバーが仕事に意味を見出せるように力を貸すことができる、と言います。

例えば、教育に興味があるというアソシエイトが、まったく興味のない自動車会社の固定費削減に関するプロジェクトに参加することになったら、そのアソシエイトの興味を引き出すために、研修や能力開発ワークショップなど、教育に関わりのある側面をプロジェクトに見出すそうです。一人ひとりに心の底から関心を寄せ、それぞれの心に響くものを理解する唯一の方法が、仕事以外の話をじっくりすることであり、それを実践しているからこそできることです。

原則
32

フィードバックはポジティブに！

時間に追われていると、素早く簡潔に、単刀直入なフィードバックを返してしまいがちです。相手の気持ちを傷つけるつもりは毛頭なくても、ネガティブに響いてしまうことも多いようです。あるプリンシパルはこんなふうにも言っていました。「私たちの時間の8割はうまくいかなかった物事の話に〝自動的に〟費やされています。だからこそ、ネガティブな内容をできるだけうまく伝えるように心がけています」

確かに、相手がハッピーでポジティブなら、自分に好感を持ってくれる、と私も簡単明瞭に考えています。英語の童謡『漕げよお船』にも「漕げよ、漕げ、お船を漕いですうっと小川を下ろう、陽気に、楽しく、愉快に、人生ははかない夢だから」とあるように、人生は短いのですから、ネガティブな感情に振り回されていては勿体ないと思いませんか。

効果抜群！ ポジティブ批判のテクニック

そこで、どんな状況でも、重大なフィードバックを辛辣《しんらつ》に聞こえないように伝える方法があります。進行中のプロジェクトにおいて、誰かが意気消沈してやる気をなくしてしまうというのは絶対に避けたい事態です。そこで、「ポジティブ批判」の絶妙なテクニックを必ず使ってみてください。このテクニックがどのように作用するか、例を挙げましょう。

- 「ジェームズ、この間の君の回帰分析はなかなか良かった。うちがどうやって非効率な倉庫を突き止めたのかと、クライアントは驚いていたぞ」（ポジティブな出だし）
- 「ただし、データをプレゼン資料に写した時の間違いが目立っていたから、エクセルと資料を見比べて、すべて修正しておいた」（批判）
- ここで間をおき、ジェームズからも説明してもらう。
- 「次回はプリントアウトして、数字をすべて確認したほうがいい」（実行可能なアドバイス）
- 「それにしても、アジャイの前で結果報告した時の君の態度は素晴らしかった。あの発表は本当に群を抜いていたぞ」（ポジティブな結び）

仕組みは、ごく簡単です。

まず褒めます。次に、本題である、直してほしい点を伝えます。最後に、もう一度褒めて会話を締めくくります。

褒める内容は、懸案の問題に直接関係があることとは限りません。「いつも会議室とみんなの時間を早めに押さえておいてくれて助かる」などという、些細なことでも構いません。

この方法の効果は、抜群です。精神的ストレスも時間もあまりかかりません。相手が受け取ったメッセージはポジティブな2点とネガティブな1点なので、短い時間で十分な投資効果が上がるはずです。チームメンバーにはどんな状況にも立ち向かえるように、常にやる気に満ちていてほしいですよね。

では、このようなフィードバック方法が、なぜ有効なのでしょう。

また、フィードバックに気を配る必要があるのはなぜでしょうか。

フィードバックは人材の育成に直結

答えを言う前に、ここでクイズをひとつ出しましょう。

CEOが、仕事のうち一番長い時間を費やしていることは何だと思いますか。

実は、CEOの仕事の半分以上は、適材を見つけることといえます。つまり、人材とはそれほど貴重なものなのです。優秀な人材をより多く抱えているほど、あなた自身の競争力が高まります。ほぼ半年前のことですが、元マッキンゼー社員で、現在はイーベイ中国支社で出店者営業部門の統括部長をしている人と話す機会がありました。彼はまだ新しい役割と仕事に就いたばかりだったのですが、CEOが部下のやる気を引き出したり、入社希望者を惹きつける方法を考えたりすることに自分の時間の60％以上を費やしていることを知って非常に驚いたそうです。

しかし、これはまさに、一流のコンサルティング会社や投資会社が多額の資金を投じて同様に行っていることなのです。さらに考えを深めてみると、あなたが自問すべき本当の問題は、どうすれば人材を育てることができるのか、という点です。

その解は、マッキンゼー出身者の進路から見えてきそうです。実に卒業生690人に1人が上場企業のトップになるほど人材輩出企業といえるマッキンゼーでは、フィードバックと専門能力の育成が特に重視されていました。それこそが、リーダーにふさわしい人材育成につながっているということでしょう。つまり、あなたが3時間かけてフィードバックの報告書を書いたり、チームメンバーにポジティブな批判を伝える行為は、自分の学びを活かした人材育成に直結しているのです。

原則
33

アシスタントを大切にしよう

仕事を支える雑務は山ほどあります。会議室を予約したり、素晴らしいレストランを見つけたり、会議を設定したり、訪問の予定を入れたり、変更したりなどなど。最悪なのは、アシスタントがそれらに関して素晴らしい仕事をしても、誰も心から感謝してくれないことです。それが当然だと思われているからです。失敗の許されない世界であなたがもし失敗すれば、無能なやつだとレッテルを貼られるように、彼らにとっても失敗のリスクは大きいにもかかわらず、です。

そんなアシスタントのもつ孤独感を理解して仲間に引き入れるには、仕事に満足してもらうことが大切です。まずはプロジェクトの内容や状況をざっと説明する時間をとりましょう。数週間に一度、じっくり打ち合わせを行い、チームの一員という意識を持ってもらうのが理想的です。

何を、どのように、どんなタイミングで言うか

ＥＱ（心の知能指数）の提唱者であり、『ＥＱリーダーシップ』などのベストセラーで知られるダニエル・ゴールマンの著書を読んだことがあるでしょうか。ＥＱのほかにも社会的知能や実用的知能などの研究から分かるのは、何を、どのように、どんなタイミングで言うべきかを心得ている人は、望むものが手に入る、ということです。これは、アシスタントに対する態度と自分の仕事の成功という関係にも応用できます。

例えば、プロジェクトの状況について、アシスタントにも断片的な情報ではなく、より大きな全体像を提供しましょう。

プロジェクトで達成したいとあなたが望むことや、プロジェクトに期待される点など重要な情報について、貴重な時間を割いてまで共有する必要があるのだろうか、と疑問に思う人もいるでしょう。しかし、プロジェクトのゴールを共有すれば、あなたが必要とする時に、アシスタントは喜んで協力してくれるはずです。プリンシパルの中には、するべき仕事のリストでさえ、アシスタントと共有していた人もいるほどです。

あなたがアシスタントを大切にする習慣を身につければ、おそらくサポートスタッフは、ほぼどんなことでもあなたに力を貸してくれるでしょう。

昔、あるアシスタントに感銘を受けたことがあります。私がクライアントのところから帰社して会議室が使えるように手配を頼んだら、以降はクライアントから帰る時間には必ず会議室を確保してくれていたからです。私が指示を出す必要はありませんでした。彼女は私の予定を調べ、自動的に会議室の予約を入れてくれたのです。

また別のプロジェクトでも、アシスタントのためだけにキックオフ・ミーティングをもちました。第1週かできるだけ早い時期に、1時間たっぷりかけてプロジェクトの全容を説明します。私はどのプロジェクトでも必ず、中心的なアシスタント3〜4名を会議室に集め、私が話す間に食べてもらおうと、人気のあるお菓子を用意しました。

その後、プロジェクトの打ち上げに海辺の公園でバーベキューをした際は、アシスタント全員が来てくれました。普段のこうしたイベント時は、コンサルタント側もアシスタントに声をかけないし、アシスタント側も公私を分けてそうしたイベントへの参加には消極的な人が多いので、非常に珍しい光景でした。チームメンバーはみな驚き喜んで、ひとりが「こんなに参加者が多いのは初めてだ！」と言ったほどでした。アシスタントと本当に良好な関係を築くことができたので、プロジェクトが終わった後でさえ、ほかの多くの雑事に関しても引き続き私に手を貸してくれました。

プロジェクトリーダーとしての能力をはるかに上回る、人を惹きつける力があなたにも必要になるはずです。ゆるぎない信頼関係はとてつもないパワーになるからです。

そこで、今後は次のことを肝に銘じてください。あなたにできる最善の投資は、チームや重役のアシスタントに尊敬の念を持ち、大切に扱うことです。出張に行ったら手土産を持ち帰りましょう。高価なティラミスでねぎらいましょう。いくつかの注意事項を補足しておきます。

1　気の利いたお土産を用意すること。分かりやすいものをプレゼントする
2　公式の会議を設け、プロジェクトの早い時期に目的を説明する
3　チームによる公式のディナーや集まりにサポートスタッフを誘う
4　必要があれば力になれるよう、サポートスタッフの家族にも関心を寄せる

これらの習慣は、さっそく始めてください。そして、リーダーの責任が増していくほど、自然にこなせるように心がけましょう。

第3章

Chapter Three :
Excelling in Process Management

生産性とは決して
偶然の産物ではない。
常に全力で極上を目指し、
綿密な計画を立て、
集中して取り組むことから
生まれる努力の賜物である。

——ポール・J・マイヤー

プロセス管理は生産性に最大のインパクトを与えます。

プロセスと聞いて、あなたはどんな言葉を思い浮かべるでしょう?

経路?

フロー?

それとも、バリューチェーン?

どんな仕事でも、本質的には何らかの形式のプロセスが関わっています。

「この仕事はなぜこのように行われるのだろう?」

「この仕事をさらに改善するにはどうしたらいいだろう?」

そんなふうにプロセスを検討する時には、導入の難易度や時間効率を裏づけるもの、結果を評価する指標などが手がかりになります。

会議の進め方やメールの処理、プレゼン準備など、一見なんでもない些細な作業でも、改めて考えてみると1日の限られた時間を相当分あてている、ということはありませんか。

あらゆる仕事において、作業上で不可欠な視点や、プロセスを効率化する方法、さらにアウトプットの効果を最大限引き出す方法など、ポイントを知っておくだけで、同じ労力をかけるとしても劇的に効果と作業効率を上げることができます。

ここまでの第1〜2章では、主に自分自身を改革する方法と、周りにいる人たちを育てる方法について、考え方や能力向上を軸に検討してきました。続くこの第3章では、プロセス管理によって高い生産性を実現する方法を紹介しましょう。

生産性を極限まで高める

Productivity Themes and Enablers

原則34

To-Doリストを4つに分類する

：やることリストを「現在の仕事」「プライベート」「今週の新たな業務」「新たな学び」の4つに分類して最大限に活用しましょう。

原則35

プロセスではなく、成果に目を向ける

：成果や結果に注目できる、チェックイン・チェックアウト方式が効果的です。

原則36

メールは「5Dルール」でどんどん処理する

：Delegate（振る）、Delete（捨てる）、Defer（保留する）、Deword（削る）の他、Deactivate（遮断する）でメールから解放されれば、健全な週末を過ごせます。

原則37

会議の主旨を前もって把握する

：あらかじめ会議を分類し、準備を万端に整えます。

原則38

会議は大小を問わず議題リストを必ず準備する

：議題の作成は優先順位を設定するための大切なプロセスなので、絶対に怠らないこと！

原則39

できるだけ早く発言する

：6つの補助的な発言の機会を捉えられれば、議論に加わるコツをマスターできます。

原則40

ごくシンプルな6種のテンプレートを作る

：プレゼンの柱となる便利な6種類のテンプレートがあります。

原則41

最新情報を共有する仕組みを作る

：最新情報の共有は、必ず仕組みを定めて関係者全員に確実に伝えましょう。

原則
34

To－Doリストを4つに分類する

日々の「To－Do（やること）リスト」をきちんと整理するために一番いい方法は何でしょう？

私が見習い期間中に早々に身につけた、とても重要な習慣があります。それは、あるプリンシパルに倣い、「To－Doリスト」を4つに分類することです。

彼はシニア・プリンシパルで、整理の達人でした。クライアントとの会議をすっぽかしたことは一度もなく、アポイントをずらしてもらうことさえ滅多にありません。さらに、チームメンバーの誕生日の3週間前になると、プレゼントを準備するために、ほかのチームメンバーにメールを送りました。

どうしてそんな芸当ができたのかというと、4マスに分割された「To－Doリスト」という、強力なツールがあったからです（**図3－1**）。4個のマス目は「現在の仕事」「プライベート」「（将来の仕事のための）今週の新たな業務」「新たな学び」に分類されています。

「4マス方式」が優れているのは、左側はおおむね現在の活動に注目し、右側は未来に注

図3-1　「4マス方式」To-Doリストの記入例

【現在の仕事―[今日の日付]】 ・リストにあと3人追加、リストの人たちにeメール送付 ・構造を書き出して分類 ・あと2項目を完了させる(H) ・調査用ポータルサイトから枠組みをダウンロード ・能力開発講座 ・データをハードドライブに転送 ・……	**【今週の新たな業務】** ・アシスタントに頼んで新しい電話番号を入手 ・新しいコンピューター(レノボ?) ・新しい学校のための事業計画 ・クロスボーダーのアイデアをもっと考える ・よい編集者と出版経路の見つけ方について調べる
【プライベート(特に"運動")】 ・ロンドン旅行のためにミュージカルの切符を予約 ・いいレストラン2軒を夕食(昼食)用に予約 ・ビザカードの問題を解決する ・ミニ・トライアスロンの習慣を継続 ・毎週のテニスの練習を復活 ・妻への誕生日プレゼントを買う ・……	**【新たな学び】** ・人に影響を与え、考えを変えさせる方法に関する本をもっと読む ・今後2カ月以内に新たに15人と知り合いになる ・いい作家の文章をコピーする ・……

目している点です。また、未来をさらに2分割することにも明確なメリットがあります。

さまざまな仕事に関わり始めると、自分の成長のニーズがどの分野にあるのかを見失いがちです。上下に2マスあるので見比べて確認もしやすく、現在手掛けているプロジェクトと目標との整合性を図りやすくなります。

左下に当たる「プライベート」欄も非常に重要です。この記入事例では、運動習慣の大切さを自分に言い聞かせるために、〝運動〟を強調しています。ジョギングやそのほかの運動もリストに入れてみてください。お祝いのため内緒で花を買って帰るなど、家族の大切な行事も忘れずに書き留めるといいでしょう。

Ｔｏ－Ｄｏリストを４マスに整理する作業は、簡単で、かつ直感的にできます。次元の違う事柄について、最新の情報を頭に入れ、重要な行動を忘れないための単純な備忘録です。

例えば、「新たな学び」欄が空欄なら、成長の構想が欠如していることを知らせる警報になるはずです。このリストを毎週見直して更新し、完了した項目は棒線で消しましょう。「現在の仕事」欄に書き込みすぎないように注意してください。今すぐやるべきことを詳しく書く場合は、毎日使っている手帳を使いましょう。

このリストはクリアファイルに入れて持ち歩き、毎週取り出して確認します。

かつて、投資家のウォーレン・バフェットも「自分が選んだ株が、目標と比べて成功しているか、失敗しているかを毎年必ず評価すること」を提案しています。やることリストも、年１回といわず目標を達成できたかどうか随時評価してください。

最後に、Ｔｏ－Ｄｏリストは職場に着く前に作っておくのが理想です。朝、オフィスでリストを作っている人を見かけますが、あれは時間の無駄です。

原則
35

プロセスではなく、成果に目を向ける

「今日は実りの多い1日だっただろうか、ただ何となく忙しかっただけだろうか?」

そんなふうに、あなたが最後に自問したのはいつでしょう?

別の言い方をすると「やるべき業務を完了させただろうか、それとも漫然と働いていたのだろうか?」という点を意識していますか? どうしたら、今よりも一層、成果を強く意識して仕事をするようになれるでしょうか?

言うまでもなく、リーダーの評価を決めるのは、遂行した仕事の量と、その結果生じる短期・長期のインパクトです。

そこで効果を発揮するのが、「チェックイン」と「チェックアウト」のプロセスです。マッキンゼーのリーダーは、生産管理に関連するプロジェクトを一度は手掛けている人が多いので、特によく知られていました。簡単でさっと済ませられるプロセスです。始業時に行う「チェックイン」で、その日やるべき仕事をチームと一緒に確認し、終業時か午後

5～6時頃に行う「チェックアウト」では、1日の成果を確認します。所要時間は10分間ほどです。

このプロセスを取り入れると〝活動〟ではなく、〝成果〟に焦点を当てて、仕事に取り組まざるを得なくなります。自分の時間に余裕が生まれ、緊急度の高い依頼に取り組めるようになるので、早期に学んで導入することが鉄則です。卓越したリーダーは、チェックインとチェックアウトの間、いくつかのポイントに注目して対処すべき問題の手がかりを読み取ります。

では、このプロセスの仕組みを詳しく説明しましょう。

チェックインの手順

毎朝チームメンバーを集め、その日の予定を手短に共有します。典型的な例では、若手のチームメンバーがエンゲージメント・マネージャーやほかのリーダーに、その日の仕事の見通しを伝えます。チェックインの注意点は次の2点です。

1　重要な提出物やアウトプットに関する、今日の目的は何かをシェアする

2　チェックインでは目的は〝何か〟だけを話す。〝どのように〟行うかの話は、必要

に応じて問題解決のための会議を別に設けること

チェックインを行うと、リーダーはメンバーが仕事を順調に進めているかどうかを把握できます。いわば箇条書きに似たリズムで進行するので、一人ひとりが考えをまとめる訓練になります。

チームメンバーから報告を受ける時は、発言時間を数分に制限しましょう。説明が長くなってきたら「説明はもう結構。やるべき仕事は何か、要点に移ってくれ」と指示しましょう。この点を厳格に、きっちり実行することが大切です。これは楽しいお遊びの時間ではありません。「さあ、仕事するぞ」とやる気を浸透させることが肝心です。

また、〝目的は何か〟と、それを〝どのように行うか〟とは、抜本的に違うことに注意してください。〝目的は何か〟は完了すべき業務について端的に話し、最終的な結果が念頭にあるのに対し、〝どのように行うか〟は過程についての話です。

問題解決は別の機会に話す

私は、このチェックイン・チェックアウト方式をクライアントのプロジェクトで導入した経験が何度もあります。その際は「所定の時間を超過して、貴重な仕事の時間が削られた」と不満を口にする人が大勢いました。実際は、その時間にすべきでない問題解決の話をしていたことが原因でした。

問題解決については、別の会議で話し合いましょう。会話を分類して、〝目的は何か〟と〝どのように行うか〟と〝なぜ行うのか〟を別々に話し合えるようになると、リーダーとしての信頼が急上昇します。〝どのように行うのか〟の議論は、問題解決の時間に行うべきことですが、〝なぜ行うのか〟の議論は包括的で幅広いので、プロジェクトの場合でも目標に向けた取り組みの場合でも、初期段階で済ませておくべきものです。その後は、〝なぜ行うのか〟に関してあまり時間をとられないようにしましょう。〝目的は何か〟に集中するもうひとつのメリットは、深刻な事態を早期に発見でき、厄介な仕事に早めに手をつけられることです。

チェックアウトの手順

午後5時の終業前にはチェックアウトを行い、どのように仕事の区切りをつけるかを話し合いましょう。

「自分は順調に仕事を進めているだろうか？　YではなくXを優先すべきだろうか？」と心配しているチームメンバーがいる場合、チェックアウトがその不安を軽減します。

また、このチェックアウトの時点で、アウトプットの詳細を把握することが重要です。翌日に大問題が発生するのは、大抵は各人の期待が食い違っていることが原因なので、アウトプットのイメージを詳細に把握しておきましょう。会議で忙しいなら、チームメンバーに頼んでその日中に完成させるべきアウトプットをホワイトボードに書いてもらうか、メールしてもらってください。

例えば、チェックアウト時に次の3つのような質問をします。

1　本日のアウトプットは何か：優先順位に焦点を当てる
2　そのアウトプットはいつ完成するか：厳守すべき締め切りに焦点を当て、編集と校正の時間を考慮させる
3　未解決の問題は何か：その週に発生することの予見・予測に役立つ

プロジェクト・オフィス、購買およびサプライチェーン業務、小売業務など、あなたのいる業界や部署によっては、すべての未解決の問題を入念に把握しなければならない場合があります。未解決事項の確認は毎週行い、スプレッドシートを使ってチーム全体で取り

組みましょう。スプレッドシートには、現在の仕事の流れ、開始日と締め切り日、部門、主題、責任者などの項目が必要となります。

そして、健全なチームは、メンバー個人の時間を尊重しなければなりません。したがって、まだ仕事が残っている場合、午後5時などの所定の時間内に、その後に誰が残業できるのかをはっきりさせることが重要です。こうすると、チームで夕食に行くことができます。あるいは、分かれて別々に食事をとってもいいでしょう。

時には、残業があっても遠くからやってきた友人に会いたい場合もあるはずです。方針を明確にしておかないと、メンバーがそうしたプライベートをすべて犠牲にせざるを得なくなります。

最初は他人の時間を管理することに慣れていないかもしれませんが、チェックアウト方式を使うと、自然とほかの人たちの時間を尊重するようになります。正反対のケースとして、時間を尊重せず食事もとらずに働き続けて、メンバーにも同様の行動を強いるタイプのリーダーが時に見られましたが、こういう状況は避けたほうが賢明です。

原則
36

メールは「5Dルール」でどんどん処理する

仕事中、つい気をそらされてしまうのがメールです。職場では楽しみも少ないので、いい気晴らしになります。やればやるほど夢中になります。メールは、正当な仕事のように見えますが、実は多大なる非効率を生んでいます。ですから、その対応には確固たるルールをもってください。

私は、〝5Dルール〟を守ることにしています。

すなわち、Delegate（振る）、Delete（捨てる）、Defer（保留する）、Deword（削る）、Deac-tivate（遮断する）です。詳しく述べていきましょう。

1　Delegate（振る）：メールを書く仕事をできるだけ他人に振る

マッキンゼー・グローバル・インスティテュート（MGI、経済・社会分野のシンクタンク）の2012年7月の論文によると「（2012年当時）普通の知識労働者は労働時間の28％をメール管理に費やしている」と報告されています。

つまり、1日の労働時間を12時間とすると、メールを書くのに3〜4時間も使っていることになります。信じられないでしょう？ 私の見立てでは、普通のコンサルタントがメールにかける時間はもっと多く、1日5時間近くではないかと思います。

では、1日に何通のメールを書けるでしょうか。

『フォーチュン』誌の記事によると、メール管理ツールを提供するベイディン社の調査から「平均的なメールユーザーは1日40通のメッセージを書く」ことが明らかになっています。ざっと計算すると、1通あたり5分にも満たず、こんなに多くては、おそらく中身の濃いメールを書くのは不可能でしょう。

ご承知の通り、少ないことは良きことかな、です。労力を集中すると、必然的に質が高くなるからです。

あなたがリーダーの役割に移行しつつあるのなら、あるいはリーダーになることを意識しているのなら、メールを受信した途端、反射的に返事を書き始めるのではなく、ほかの人に〝振る〟習慣を身につけましょう。研修と活躍の場を兼ねて、信頼できるチームメンバーに重要なメールを書く業務を任せましょう。コミュニケーションと通信を担当するアシスタントに、スケジュール管理を毎回手伝ってもらいましょう。

後方支援は管理職の仕事だと考えている人がいますが、それはやむを得ない場合だけ、自分の首がかかっていて失敗が許されない会議に限られます。それ以外は、後方支援はできるだけほかの人に任せましょう。

2 Delete（捨てる）：重要性の低いメールは移動中にすべて削除する

出張中の移動時間や毎日の通勤時間は、非常に貴重です。これを賢く使いましょう。疲れているなら仮眠をとることが大事ですが、そうでなければ、この時間を使ってメールを削除しましょう。

長い目で見ると、これは大きな時間の節約につながります。また、仕事の効率が上がって満足するでしょう。緊急のメールを読む以外は、重要性の低いメールへの対応に集中して取り組みましょう。

『フォーチュン』誌によると「メール管理サービス業のベイディン社の５００万通のメールを分析したところ、平均的なメールユーザーは１日１４７件のメールを受信し、71件（48％）を削除する」ということです。受信箱を整理すると、メモリーの空き容量が増えるだけでなく――最近では多くの企業で、メールボックスが一定の容量を超えると自動的に削除される仕組みを採用しているので、メールの整理は欠かせません――、重要なメールを探すのが楽になります。[*1]

3 Defer（保留する）：メールの返事を書くのを保留する

書くのが楽しいメールもあります。例えば、あなたの指導役《メンター》からメールが来たら、返事を書きたくなるでしょう。大学時代の親友からのメールなら、すぐさま返事を書きたくてウズウズするでしょう。

返事を書くのは楽しく、満足感を得られますが、すぐに自責の念に駆られるはずです。返事を忘れずに書きたい場合には「保留する」姿勢を持つことが大事です。私はいつも、保留すべきメールは受信箱の特別なフォルダーに移していますが、自動振り分けを設定したうえで、自分自身に転送するのもいいでしょう。その日、またはその週のうちに、時間をとって、保留したメールに返事を書きましょう。不思議なことに、この手の保留したメールを何日も書き忘れることは滅多にありません。

4 Deword（削る）：無駄な言葉を削る

メールを書き終えて誤字脱字がないか確認している間に、「無駄な言葉を削る」習慣もつけましょう。意味のない不要な単語を取り除くという、至極単純なことです。

目立つ例としては、「in order to」「as a matter of fact」「whether or not」などの語句が挙げられます。とりあえず、古典的な名著『英語文章ルールブック』（E・B・ホワイトとウィリアム・ストランク著、荒竹三郎訳、1985年、荒竹出版）を熟読することをお勧めします。日本語であれば、「～という」「～のような」「～なこと・もの」といった補足する用語や、不要な接続詞などといったところでしょう。

5 Deactivate（遮断する）：金曜の夜にメールをオフラインにする

これが5Dルールのなかで、最大の難関です。今や常時インターネットに接続されているので、特に仕事のメールをチェックするのに非常に〝便利に〟なりました。最新のタブレットやiPhoneなどの機器のおかげで操作も快適です。

こうなると、週末も関係なくいつ何どきでも返信するよう期待されます。メールや携帯電話のない世界など想像もできません。返信の待ち時間の許容範囲が大幅に短縮していることは、さまざまな研究が一貫して示しています。多くの人が相手の事情を斟酌せず待つ辛抱ができなくなっている現状は、社会において重大な問題になりつつあります。

しかし、効率的にきちんと仕事をこなす人は、そうした無言の返信圧力にめげず、みずからに厳しいルールを決めています。たとえば、週末のメールチェックは、せめて返信だけと決めて、それも日曜日の夜に限定しましょう。

原則
37

会議の主旨を前もって把握する

時間をとられる要素のひとつに、会議があります。あらかじめ会議を分類しておくと、会議に臨む姿勢を整えたり、会議のバランスを確認したりするのに役立ちます。

主に、「問題解決のための会議」「知識を共有したりアイデアを創出するための会議」「チームの連携と引き継ぎの会議」「最新情報を共有するための会議」の4種があります。こうした会議の種類と特徴を表したのが、**図3－2**です。これを参考に、あなたが1日の大半を費やしているのはどんな種類の会議なのかを考えてみましょう。

一般的に、「①問題解決」の会議は意思決定をしたり、指示を出したりする会議です。複雑な対応が必要になると同時に、高い価値を生じます。

「②知識共有とアイデア創出」の会議は、さまざまな部門から専門家を招いたり、あるいは覆面調査の結果を共有したりする場です。新しいことを学んだり、既存の計画を発展さ

図3-2　会議の種類

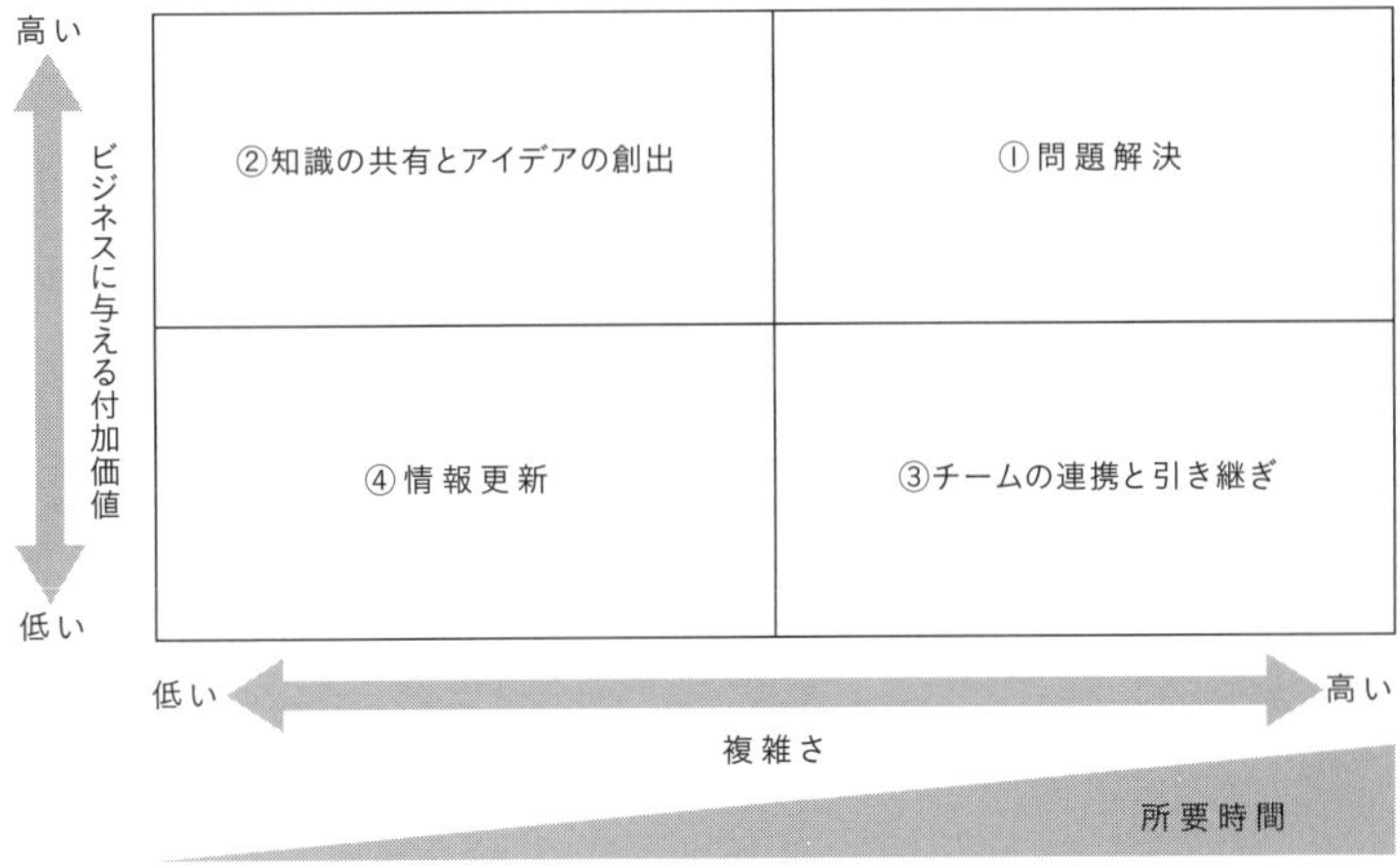

せたりするための絶好の機会です。

「③チームの連携と引き継ぎ」の会議は厄介で、非常に複雑ですが、仕事に与える付加価値はあまりありません。会議中より、むしろ会議前からチームメンバー全員を連携させておくように心がけましょう。

「④情報更新」の会議は、価値が低いことが多いので、できるだけ他の伝達手段を利用したいものです。しっかりと現状を把握するだけでなく、４つの分類のなかで問題解決により多くの時間と注意を傾けます。

以前、小売業務の現場に関するプロジェクトで、店舗に出向いて面白い調査をしたことがあります。店員が実際に行っている行動を観察し、時間を計ったのです。一般的には、店員の行動を「遊休（無駄な）時間」「雑時間」「付加価値を生む時間」の3種類に分類できます。

例えば青果コーナーでは、商品を荷卸ししたり、きれいに順番通り陳列したり、値札を確認して最新のものにしたり、期限切れの商品を棚から片付けたり、おしゃべりしたりといった行動があります。遊休時間は店員同士でおしゃべりしている時間、雑時間は青果コーナーへ台車を押している時間、付加価値のある時間とは商品をきれいに並べている時間です。

調査は、そうした店員一人ひとりの行動と対人行動において、できるだけ遊休時間を排除し、雑時間を合理化し、付加価値を増やすことが目的で、典型的な分析では2～3割向上させられます。

通常のプロジェクト会議について、これと同様の分析が行われるべきだと思いませんか。一般的に、15分程度の短い会議から2時間もある長い会議まで、みな1日の多くの時間を会議に費やしているのですから、残念なことです。

例えば、私がこれまで招集した数多くの問題解決の会議で、解決策を議論するという当初の目的から外れて、結果的にシニア・リーダーに最新情報を報告する場になってしまったことが往々にしてありました。シニア・リーダーに前もってメールで情報を提供しておくか、そうでなければその会議に出席を求めるべきではなかったのです。私がどちらの手段もとらなかったために、ほかのみんなの時間を無駄にしてしまいました。

自分がどのような姿勢で会議に臨むか、また、どうやって会議の目的を達成するかを意識しましょう。もしチームの連携のための会議なら、下準備として、重要な利害関係者に前もって根回ししておくことも大事です。

時間があるときに、今週と翌週に予定されている会議にざっと優先順位をつけてみてください。大事な問題解決の会議はどれか、あまり役に立たない会議はどれかをメモするのです。

不要な会議はキャンセルするか延期しましょう。最新情報をメールで共有すればいいことなら、会議ではなくメールで済ませます。担当しているプロジェクトに多くのシニア・リーダーや上司が加わっている場合に特に言えることですが、スケジュールに入っている会議のうち、おそらく2割程度を減らせるはずです。

次に、会議をほかの人に委任する手もあります。自分がどの会議に出席するか、慎重に選ぶことが肝心です。会議をきちんと分類すると、その場でなすべき判断がぐんと楽になり生産性が上がります。

原則
38

会議は大小を問わず議題リストを必ず準備する

さて、会議に優先順位をつけたうえであなたが出席しているのは、外せない会議のはずです。そうした会議の規模や社内外を問わず、議題を必ず準備しましょう。

直接の担当でない場合は、担当者が議題を準備しているかどうかを確認してください。もし準備できていなければ、あなたが率先して、会議が始まる前または最初の5分間で議題を書き出しましょう。

「なぜそんな分かりきったことを取り上げるのか？」と怪訝《けげん》に思うかもしれません。もっともな疑問です。

しかし、私はマッキンゼー以外の会社で数多くのプロジェクトを経験して、議題のない会議が実に多いことに気づいたのです。信じられないかもしれませんが、本当です。特に、小さなミーティングほど議題の重要性が軽んじられる傾向にあります。実は、小さなミーティングこそ、しっかりした段取りが必要です。議題がないと、時間を超過したり、焦点が曖昧になったり、参加者が不満を抱くことになります。

図3-3　議題の一例

議題（7月18日2:30～5:30）

主　題	進　行		
	提案者	サポート役	所要時間（分）
現状と根本的原因を共有するため、障害物、応急措置、必要な追加資源を一通り確認して話し合う。	×××	×××	10
・業績管理	×××	×××	30
・企画とキャンペーン	×××	×××	30
・支店ごとの財務実績	×××	×××	30
優先順位付けワークショップの責任者と場所を決定する。	×××	×××	10
・短期、中長期のバランスを図る。	×××	×××	15
・成果に基づいて世界的な拡大計画の領域を絞る。	×××	×××	15
8月8日のワークショップに向けてとるべき行動を討議する。	×××	×××	30
質疑応答と次のステップ	×××	×××	10

図3－3は、議題の一例です。

議題を書くことは上意下達のプロセスであり、義務といってもいいでしょう。誰かが準備した議題が「たまたまその場にある」のが普通のこととして、議題の価値にとりたてて注意が払われることはありませんが、議題作成は優先順位を設定する重要なプロセスです。

あなたが自分で議題を作成する場合は、言葉の選び方や発信されるメッセージには特に注意を払いましょう。企業のCEOは、みずからの経営理念の覚書の中で明瞭に「議題」、つまり、取り組むべき課題を設定します。日常的な仕事のレベルでも議題の重要性を示すべき理由として、次の3つが挙げられます。

1　議論が白熱した場合に重要事項を見落とさずに済む

多くの人にとって、高い集中力が保持できるのは冒頭3～4分に限られます。特に、会議をほかにも3つ抱えていたり、緊急の文書の締め切りが数時間後に迫っていたりする場合は、なかなか発言者に集中できません。議題をひと通り読み上げた後、「ほかにこの会議で扱うべき重要事項はありませんか？」と質問し、すぐに全員の足並みをそろえることが大切です。すると、みんながバラバラな期待を抱くことが避けられるので、議論が熱くなりそうな会議ではとりわけ効果的です。

2　聞き手が退屈していたら、興味をひくセクションに移れる

さまざまな外的要因により、会議が計画通り進まないことがよくあります。しかし、会議で取り上げて意見を募らなければならない事項はごく少なく、ほかの事項は後でフォローアップできるのが普通です。

例えば、以前、大手メーカーの国内営業部門の統括責任者を交えて、重要な運営委員会をしていたところ、先方が焦《じ》れったそうにしているのがすぐに分かりました。複数の工場の稼働率が採算ベースを下回っていることが巨額の損失につながっている、とこの会議で伝える必要があったので、通常はステップ・バイ・ステップのワークショップ方式で、ま

ずは問題を取り上げ、数値を使った分析結果を提示し、その意味合いを総合的に伝えるところです。しかし、この時は提案と行動計画をいきなり提示しました。もし理由を尋ねられれば、すぐに特定のスライドに戻って説明できました。私たちとしては、必要とされる能力の構築と経営資源、それを実現するためのスケジュールなど、必要な変化について先方の意見を聞きたかったからです。

3 聞き手の先回りをすることができる

大手コンサルティング会社に勤めるシニア・マネージャーで私の友人のキャサリンも、次のように言っていたことがあります。

「議題があると、自分が事前にある程度検討したことが相手に伝わるので、自分に対する信頼性が高まる」

多くの人たちは、会議の前にあらゆる知識を備えておかなければならない、という衝動に駆られています。しかし、抱えている仕事量が多すぎて、その週に発生することをすべて予見するのは事実上不可能です。

キャサリンは、あるクライアントの人事担当副社長との会議を例に挙げました。彼女はその会議で、自分がすでに知っていることと、知る必要があることの2つに議題を注意深く分けたそうです。クライアントが望むことと自分の知識が足りない点を認識していたおかげで、率直に質問することができました。「議題をじっくり考え、紙に書いておけば、自分が知らないことがあっても堂々としていられます」とキャサリンは言いました。後でクライアントから、率直で非常にしっかりした人だと褒められたそうです。

ただし、議題や会議の段取りに関してあまりにも融通が利かないと、逆に参加メンバーの負担になることがあります。そういう微妙な状況では、リーダーとして議題を取り下げるか否か、迅速に決定する必要があります。特にクライアント側で鍵となる利害関係者など、全員の賛同が得られない場合に検討すべき点です。こういう人物の賛同を得られなければ、次のステップが何であろうと聞き流されてしまうからです。

自分のやり方で議論を主導したいという気持ちに駆られるかもしれませんが、発表者であると同時に、オブザーバーとなることも学びましょう。会議室の中にいながら、会議室の外側からの視点を持つことが大切です。

プロセスの概略を説明して、反応が今ひとつだと感じた場合、さらに踏み込むのではなく、一歩下がって真実に耳を傾けましょう。ただ「今この瞬間に本当に話し合うべきことは何だろう?」と自問すればいいのです。時には議題を手放す心構えを持ちましょう。

原則
39

できるだけ早く発言する

会議に出席したら、発言することが非常に重要です。

チーム内の問題解決会議であれ、クライアントとの小規模なミーティングであれ、大規模なワークショップであれ、マッキンゼーでは、どんな場面でも発言することが求められました。もし発言しなければ、プロジェクトの初日にシニア・リーダーから「お前は何も付加価値を与えていない」とすぐにお達しがあったものでした。

しかし、誰もが重要な情報を持っているとは限りません。その分野が専門でないかもしれないし、会議の内容についてほとんど知識がないかもしれません。あるいは、数日前にプロジェクトに参加したばかりということもあるでしょう。どんなケースにしろ、会議に出席している限り、貢献できる方法を見つけなければなりません。

私が発見した秘訣は、中心となる話題の〝補助的な領域での貢献〟を狙うことです（**図3－4**）。具体的には、時間を管理する、数値を提示する、ホワイトボードに要点をまとめる、明確化するための質問をする、次のステップを要約する、別件と関連づける、とい

図3-4　発言のチャンスを作る行動

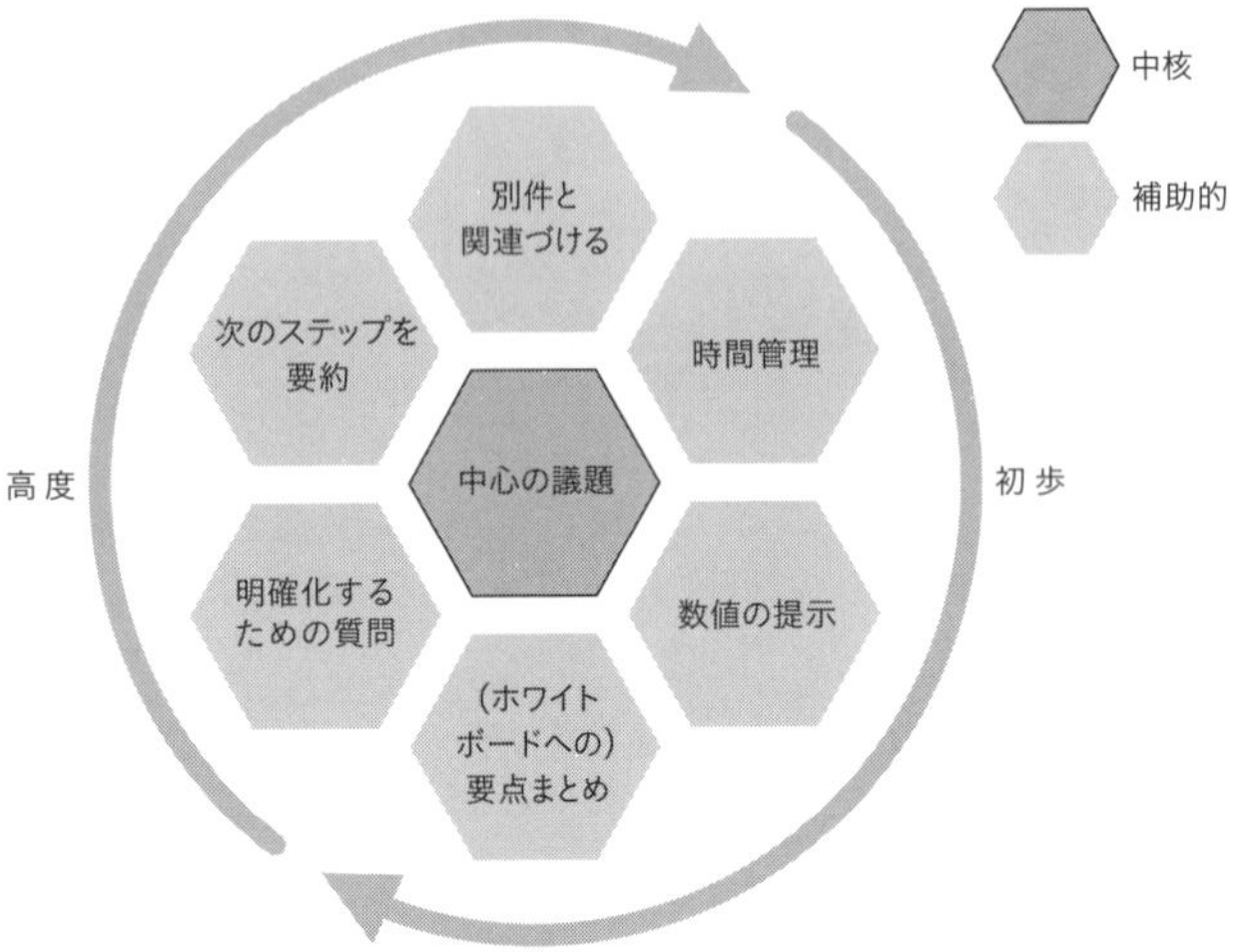

う6つがあります。

1　時間を管理する：最も初歩的ですが、議題がたくさんある場合には、貢献度の高い役割です。ほかの参加者は議論に熱中していたり、時間に気を取られたくないので、あなたがその役割を担い、必要な議題がすべて話し合われるように会議を進行させましょう。

2　数値を提示する：賢い人たちがよく使う手です。いくらシニア・リーダーでもすべての数字を覚えるのはほぼ不可能なので、重要な数値や比率、プロセスの詳細なステップなどについて、知識を持っていたり暗記したりしていれば、かなり貢献できます。

3 （ホワイトボードなどに）要点をまとめる：存在感を示すのに、最適かつ簡単な方法です。立ち上がって議論の内容を書き留めます。また、議論がひと段落した後か、あるいは重要ポイントを5〜6個通過したところで、中断して全員の注目を集め、共通理解を図りましょう。参加者にとって非常にありがたいだけでなく、あなた自身が問題の理解を深める格好の訓練になります。

4 明確化するための質問をする：重要ポイントのフォローアップとして行います。目的や結果が不明瞭でないかどうかに目を光らせましょう。やるべき行動が示されても、現実の目標やゴールが設定されていない場合があるからです。あるいは、「その点を掘り下げていただけますか？」とか「例を提示していただけませんか？」などと合いの手を入れて、白熱した議論に加わることもできます。これらを一例に、うまく議論に参加しましょう。

5 次のステップを要約する：一般的には、会議の中心人物が行います。次のステップを決めずに会議を終えようとしている場合以外は不要です。ただし、次のステップが忘れられていることは意外と多いものです。ここぞという場面で主導権を握るために、議論に注意深く耳を傾け、足りないものがないか、絶えず意識しましょう。次のステップが明快に述べられていることを確認してください。

6　別件と関連づける：中心となる話題に疎くても付加価値を与えられる方法のひとつです。マッキンゼーのシニア・ディレクターは、業界を超えて通用する要素を読み取って、鋭い知見を与えます。コカ・コーラのマーケティング戦略が製薬業界にも適用できると聞いて、クライアントは深い感銘を受けるかもしれません。これは優れた知性と高い信頼性を印象づけるかなり高度な役割です。

本項の冒頭で述べた通り、発言することは非常に重要です。あなたの信用を築き、チームだけでなくクライアントからも信頼されます。自分に自信がつき、あなたの仕事のほかの分野にも好影響を与えます。

ただし、声を出すことと、意義深い発言とは別物だという点に注意してください。前述した6つの補助的な役割は、あなたの存在感を高めるのに役立ちますが、よく考えてから発言することも肝に銘じておきましょう。あるプロジェクトのリーダーで、私の指導役でもあるパトリックから良い経験則を教えてもらったことがあります。

「自分の考えをただ述べるのでなく、全体像を伝えることが肝心だぞ。全体像が新たな視点をもたらし、それが意思決定につながれば、会議に貢献できるのだから」

補助的な役割であっても、できるだけ全体像を共有することを心がける必要があります。

余談ですが、マッキンゼーでは「発言する（speak up）」が「問題を提起する」という意味で使われることがありました。慎重を期する話題について、最後の重要な局面になるまで先延ばしにせず、異議や意見を率直に表明するという意味です。前に説明した「異議を唱える義務」と同様の表現です。

原則
40

ごくシンプルな6種のテンプレートを作る

次に、会議で発表者になる場合に役立つツールを紹介します。プレゼンテーションの中核となる6つの重要な要素です。標準的な一連のテンプレートを作っておくと、さまざまなケースに応用できて必ず役に立ちます。

1　背景・問題・目的は何か
2　当社はどんな変化を実現するか
3　インパクトを数値で表すと
4　答えてもらうべき重要な問題は何か
5　詳細な作業計画のなかで、重要なワークショップと会議は何か
6　提案するプロジェクトチームはどんな構成か

プレゼンの目的は、メッセージを伝えること、議論を発展させること、あなたの仮定を検証すること、など多岐にわたります。この6点を押さえた中核的なスライドは、どんなプレゼンでも骨格となるので便利です。

1　背景・問題・目的

プレゼンの冒頭で状況説明を忘れてしまう人が多く見受けられます。これは、本人が状況を意識しなくなっていることが原因です。長期間にわたり「ある状況に」身を置いていたせいで、自分が取り組んでいる仕事について、相手が何も知らないことを忘れてしまうのです。

どんなプレゼンでも、「背景・問題・目的」のテンプレートを作り、状況を説明します。直近の現状であれ、複雑な事態であれ、簡単な経緯であれ、肝心な「今の状況」をプレゼンの冒頭で説明することが大切です。

その際、左側に「自分が理解している状況」を、右側に「プロジェクトで意図する目的」を配置してください。過去を左に、未来を右に表すと、時間の流れが左から右へ流れるように感じられ、理解しやすくなります。

少数の箇条書きでメッセージを伝えるには練習が必要ですが、メッセージを簡潔にすると大きなメリットがあります。メッセージの数が3～4個を超えると、聞き手が興味を失ってしまうからです。聞き手の立場で考えましょう。大抵の場合、「大きな問題は何か、それにどのように取り組むつもりかだけ教えてくれ（あとはさっさとやれ）」というのが聞き手の心情です。次の段階で、問題や状況を詳細に検討するのがあなたの仕事です。

2　当社が実現する変化

「当社が実現する変化」のスライドは、改革のプロジェクトで特に効果的です。マッキンゼーではこのスライドを「フロム・トゥー・モデル」と呼んでいました。テンプレートには「ｆｒｏｍ」と「ｔｏ」の欄があり、それぞれ、「現状」と「望ましい未来」の状態を表します。こうすると、最終的な状態と、何をゴールとして目指すかについて、手っ取り早く示すことができます。幹部層レベルでは、迅速さと敏捷性が肝心だからです。

また、インタビューや実地調査、分析などを行った場合に、あなたが学んだことを5〜6個の箇条書きにまとめるのにもぴったりの方法です。理想の状態や、理想の目的地を描くことは、誰もが当然やるべきことです。聞き手は、こうした全体像がつかみやすいアプローチを好みます。

ただし、ひと目で分かる簡潔なものを作るのは、意外と難しいものです。ウッドロウ・ウィルソン大統領の有名な言葉に「10分の演説には1週間の準備が必要だ。15分の演説なら準備に3日、30分なら準備に2日かかる。1時間の演説なら今すぐできる」とあります。分かりやすく、示唆に富むメッセージを作り上げるのは至難の業なのです。

3　数値化されたインパクト

コンサルタントは、数字を使って話します。生産性向上の場合は百分率（%）を使います。在庫を削減し、店舗売り上げを増大させる場合なら、回転率について話します。言葉は真実を偽る恐れがありますが、数字は真実を語るからです。

例えば戦略について数値がないと、どこで勝負するべきか、どこでどうやって勝てばよいかを客観的に評価するのが困難です。数字はあらゆるプレゼンの柱であり、早い時期から、アウトプットのイメージとともに提示すべきです。

「数値化されたインパクト」のテンプレートを使うということはすなわち、聞き手に「これらの数字が現実になります」と告げることになります。インパクトを算出した仮のスライドも2～3枚ほど無理にでも作っておきましょう。すると、完成すべき分析を前倒しすることになります。このアウトプットの状態が、他のシニア・リーダーたちの意向に即しているのか早めに確認しておけば、見当違いな目標に進まずに済みます。

ある国際的なプロジェクトで、対象とする市場が以前の推計よりもはるかに縮小していることを、私は第1週のうちに発見しました。投資利益率のインパクトを計算するために市場規模が必要だったのですが、当社の最初の想定を大幅に下回っていることが分かったのです。数字が「この市場を追求してはいけない」と物語っていました。ごく初期の小さな発見でしたが、私たちはすぐにプロジェクトを方向転換できました。

4　答えてもらうべき重要な問題提起

ここで使う5～6個の質問は、プレゼン全体の骨組みになる要素です。これらの質問は、あなたが前に示した目的（最初の「背景・問題・目的」のスライドで示したもの）と明瞭に結びつくよう、一貫性を持たせてください。

例えば、目的のひとつが「適切な経営モデルを見つけること」だとします。この場合、問題を提起するスライドでこの目的を取り上げ、「御社の将来の成長計画にふさわしい経営モデルには、どんな組み合わせが考えられますか」「競合他社から学ぶべきベンチマークにはどんなものがありますか」などについて確認すべきです。

ときどき、「分かりやすくまとまったプレゼンを作るにはどうすればよいか」と聞かれますが、手短に言うと、ポイントは主たる質問の設定と副次的な質問の組み合わせ方にあります。質問の作成は、深く考えを巡らせなくてはならない難しい作業です。

同じ質問をするにも、聞き方を微妙に変えることによって、聞き手に与える印象は大きく変わり、答え方も変化するはずです。

例えば、次の3つの質問について考えてください。

- 御社の意思決定機関の統制力を強めたいですか、それとも弱めたいですか
- 御社から子会社にもっと権限を委譲したいですか
- 中央集権型モデルと分権型モデルのうち、どちらの経営モデルを確立したいですか

言い方を変えて、同じ質問をしていることがお分かりでしょうか。

最初の聞き方は、統制力に軸足が置かれています。意思決定機関と言われると、本音や実情は別として、弱いよりはむしろ強い統制力を望むものです。2番目の聞き方は、子会社への権限委譲を支持するようなニュアンスがあり、本社では抵抗を感じる人もいるでしょうから、回答に本社を重んじるバイアスがかかるかもしれません。3番目の聞き方は、公平でバランスがとれています。答えを誘導したくない場合は、こういう問い方をするべきです。

つまり、重要な問題の提起は、プレゼンをより良い流れにしてくれる便利なツールだと言えます。どんな質問をする場合でも、自分が何に焦点を当てて明らかにしたいのかをよく考えましょう。

5 作業の基本計画

1900年代に機械工学者であり経営コンサルタントでもあったヘンリー・ローレンス・ガントによって考案された「ガントチャート」(**図3-5**)は、プロジェクトの工程を棒線で示した、工程管理に使われる表です。

私もマッキンゼーに入社するまで仕事で使ったことは皆無でした。仕事の計画を図で示

図3-5　ガントチャートの例

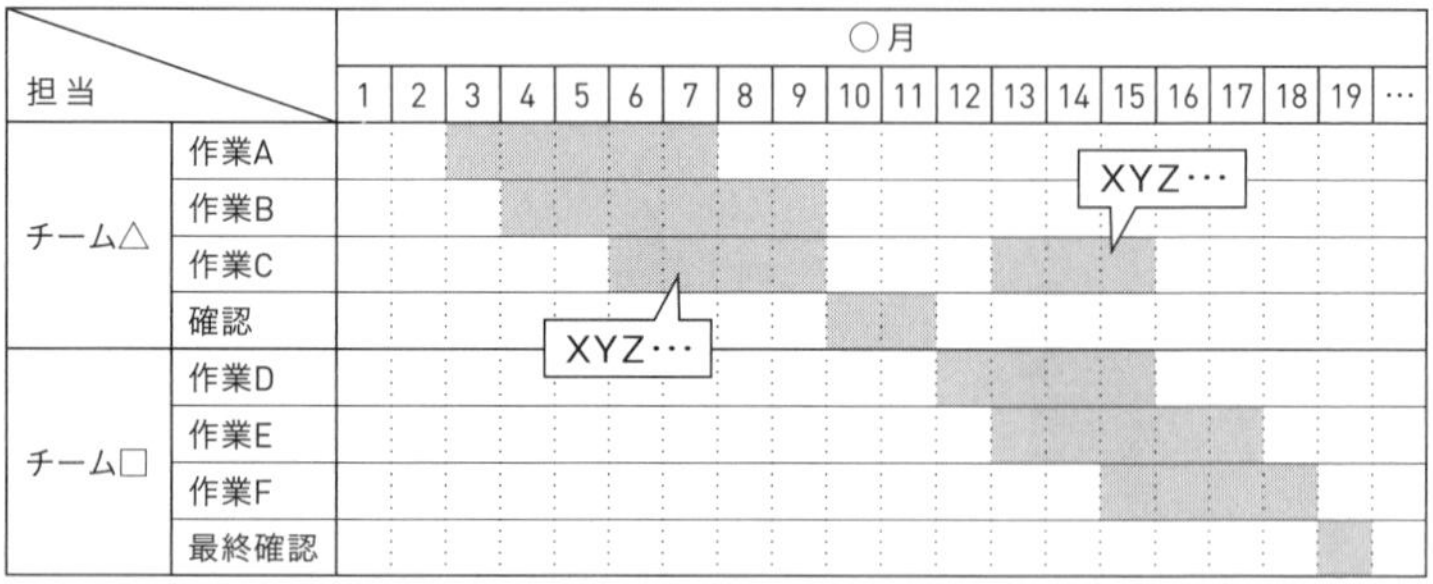

すのは時間の無駄だと考えていたのです。

でも、間違っていました。エクセルの単純な表形式では見えない物事があるからです。それに気づいたのは、製品開発プロジェクトに携わった際でした。

製品の開発や発売のプロジェクトでは、主な関心事が2つあります。さまざまな機能の歯車を見事にかみ合わせることと、色鮮やかな基本計画を立てることです。「作業の基本計画」のテンプレートはガントチャートに似ていますが、もっと詳しい表です。また、プロジェクトの完了までのクリティカルパスが示されます。「クリティカルパス」とは、全工程においてスケジュールを左右するネックとなる作業工程を指しますが、見方を変えると、この部分の改革こそ最終目的地に到達するために必要かつ最も効率的な手段と言えます。

何を作る場合でも、前提条件となる作業を完了して初めて、次の段階に移ることができるので、クリティカルパスが必然的に生じます。言い換えると、クリティカルパスは作業に焦点を当てるのです。重要なミーティングやワークショップ、節目となる出来事などを図に示して、作業計画を視覚化すると、チームの全員が同じ視点でプロセスを捉えられます。このビジョンを簡単に、分かりやすく共有できる点で、作業の基本計画やガントチャートは何物にも代えがたい効果をもたらします。

ガントチャートは一般的に、「活動の説明」「時間（横軸）」「担当の人やチーム」の3領域に分けられます。時間軸に合わせて、重要なミーティング、ワークショップなどの節目となる出来事を横棒で表します。製品開発のクリティカルパスと同じ要領で、ほかの作業を始める前に完了させておくべき作業や活動の前提条件など、依存関係も忘れずに示しましょう。

6 チーム構成

プロジェクトには関係者がいます。「チーム構成」のテンプレートを使い、前もって責任と役割を整理しておくと、各人の期待に整合性を持たせることができます。チーム構成のテンプレートには、(1)社内・社外双方の参加者を含む、きちんと定められた組織図、(2)役割とその任務として期待されること、(3)プロジェクト運営の方針や主要業績指標を含めるとよいでしょう。組織図が完成したら、チームの一人ひとりを配置して、不要な人を除外し、必要があれば追加しましょう。

以上のテンプレートをベースにして、あなた独自のプレゼン資料を作りましょう。さらに、プレゼン用の極力シンプルなツールキットとして、「背景・問題・目的」「実現する変化」「数値化されたインパクト」「重要な質問」「作業の基本計画」「チーム構成」のテンプレートをあなた独自のバージョンで作成してください。

私は箇条書きを「7個以下」にしています。アイデアでも概念でも文章でも、7個を超えると、人間の脳が一度に処理するのは難しいからです。

特に、実施した分析を棒グラフに表す場合には、この点に注意しましょう。分類が明確でない、意味のない区分けが多すぎないように気をつけてください。できる限り、要点や質問などの情報はスライド1枚あたり7個に限定しましょう。

原則 41

最新情報を共有する仕組みを作る

会議の報告やプロジェクトの進捗など最新情報をチームで共有するには、一定の時間をとられます。いわば必要悪です。とはいえ、自分にとっては付加価値が小さいので、できるだけ時間を割きたくないと考えるのが一般的でしょう（できるだけミーティング以外の伝達手段で情報共有を行うことは、本章の「会議の種類を前もって把握する」の項で説明した通りです）。

ロンドン・スクール・オブ・エコノミクスの共同創立者で、有名な劇作家ジョージ・バーナード・ショーは「コミュニケーションの唯一最大の問題は、あたかも実現したかのような幻想を与えることだ」と言いました。最新情報の共有にも同じような落とし穴があります。[*2]

そこで、滞りなく行えるように、手軽な伝達手段を整えておくことが肝心です。

私もよく経験したことですが、若いエンゲージメント・マネージャーがシニア・プリンシパルに前もって根回ししておくのをうっかり忘れ、墓穴を掘ることがよくあります。さらに厄介なことに、マッキンゼーでは、プロジェクトごとにサポート役の上司（共同エンゲージメント・ディレクター）が設けられる仕組みになっていました。こうした〝サポート〟メンバーは、有名無実化する場合もあれば、本格的に関与する場合もありました。プロジェクトが走り出す前にそれを予見するのは困難ですから、本格的に関与するつもりだった〝サポート〟リーダーに適切な連絡がとれていない事態が起こり得ます。おそらく、同じような場面は、業種や業界が違っても起こり得るのではないでしょうか。

ですから通常の備えとして、最新情報を共有するための時間を、毎週の予定としてスケジュールに入れてしまってください。そして、あらかじめ情報共有のための書式を作っておくと便利です。

たとえ、担当するシニア・リーダーとの間で、情報共有するために別途20分間の電話会議を行うといった取り決めを交わしていても、きちんと共有情報をアップデートできるルーティンの仕組みを敷いておくことは、決して無駄にはなりません。多くのプロジェクトを同時に手掛けている場合は、このルールを実施するとますます効果的です。

私が、こうした情報共有の際に使っているメールの書式をご紹介しましょう。

1 まず概要を述べてから、詳細に移る
2 顧客とのやりとりに関するフィードバック、チームの進捗をまとめる
3 次にとるべきステップのうち重要なものを挙げて締めくくる

繰り返しになりますが、主たる目的は、コミュニケーション不足の弊害を防ぐことにあるので、簡潔にまとめることを心がけましょう。

例えば、書き出しは次のようになります。

「(上司の名前)様
先ほど、クライアントとの重要会議を終えたところです。すべて順調に進みました。
要点は下記の通りです。」

次に、箇条書き形式で要点を記します。以下の要領を参考にしてみてください。

詳細：
- 主な新事実と検討課題に分ける
- 箇条書きにして短い文を使う
- 新事実が3～5個と、必要に応じて重要な問題提起が数個あれば十分
- 新たな面白い発見に注目し、キーワードを斜体か太字で強調するのを忘れずに！

クライアントとのやりとり：

・顧客と今週交わした主なやりとりで、〝上司が知らないもの〟をすべて報告する。

・顧客側の主たる担当者、あるいは少人数で開いた会議についてじっくり考える。個人的な関心事や、提起された問題、潜在的な機会など。

・ここで大事なのは、〝上司が知りたいことは何か〟を念頭に置くこと。この特定のプロジェクトの成功に直結するものだけでなく、新たな付加価値創造の可能性を示唆する。

チームの進捗：

・チームの進捗とは、チームの調子はどうか、ということではない（プロジェクトの進行が芳しくない場合は、これも重要かもしれないが）。この項目では、個々のチームメンバーの強みと成長のニーズを取り上げ、成長を後押しするために上司にできることを検討する。

・毎週、情報の共有化を図ると、プロジェクト終了時のフィードバック会議でも役に立つ。また、助けが必要な場合は、早めに注意喚起できる。

次のステップ：

・上司に知っておいてもらいたい、重要な日取りや締め切り日を伝える。きちんとスケジュールに入れるよう念押しし（ただし、こういう重要な予定は記入済みのはず）、優先順位が最高度であると認識してもらう。
・場合によっては、次のステップについて、上司だけでなくアシスタントにも知らせるとよい。

メールは、いつも同じ構成のシンプルな書式を使いましょう。情報共有化のメールを毎週送ると上司に約束すれば、やらざるを得ない状況に追い込まれますから、ルールを守りましょう。私が情報共有化のメールを書く場合は、なるべく夜遅い時間帯を避け、朝の静かな時間や、一歩下がって全体像を考えられる時間に書くようにしています。情報共有化に努めると、多くの場合、懸案事項に関して実りある議論をもたらしてくれます。

また、同僚や友人に宛てた短いメールを書く時ほど、特別な注意を払ってください。特にメールで人を紹介する場合に、あまり「なれなれしい」印象を与えないように配慮することが重要だ、とあるプリンシパルは言っていました。ある人物をほかの人物に紹介する場合、片方が友人という状況にあると、つい気が緩んで文面や構成をおろそかにしがちだからです。

身近にいる友人のなかで、メールを書く達人を探して学びましょう。

その友人は、あなたをどんな言い方で紹介しますか。文字数や行数はどのくらいでしょう?

聞き手の立場に立った適切なメッセージとなるカギは何ですか。ビジネスマンにふさわしい姿勢がメールでも伝わるよう、肝に銘じましょう。

第4章

Chapter Four : Going the Extra Mile

切羽詰まる前に、変革を起こせ。

——ジャック・ウェルチ

組織の視点から、マッキンゼーの教えで最も注目に値するのは、おそらく〝反復（iteration）〟に重きを置いていることではないでしょうか。

体系立ったプロセスによって、アウトプットを生み出すだけでなく最高レベルに練り上げることが、全員に求められているのです。〝反復すること〟というのは、できるだけ大勢の人たちの考えを組み合わせることにより、「正しい答え」が導きやすくなるという、いわゆる「3人寄れば文殊の知恵」に通じるコンセプトです。

その中核には「繰り返し検証することでインパクトの強いアウトプットができあがる」という信条があります。例えば、マッキンゼーでは「これを○○さん、××さん、△△さんに検証してもらいましたか」と頻繁に聞かれました。この場合、○○さん、××さん、△△さんはそのプロジェクトチームに直接関わっていたとは限りません。

このように、繰り返し〝反復する（iterate）〟ことを、余計な仕事が増えるなどと、迷惑がる人もいるかもしれませんが、マッキンゼーでは極めてポジティブなこととして捉えていました。こうした姿勢と信条が、マッキンゼーを際立たせているのでしょう。

反復を繰り返すことで奔放な想像力を手なずけ、本当にうまくいくきっかけが見えてくるのです。マッキンゼーのリーダーたちのみならず、起業家や企業のＣＥＯも同じことを言います。反復こそが長期的に成果を生む最短の道なのです。本章で取り上げる原則は、正直いって今までより難易度の高いものです。この正念場を乗り越えて、リーダーとしての新たな資質を構築しましょう。

持続的な成長を実現する

The Challenge to Achieve Lasting Growth

原則42

知識とツールは惜しみなく他人に与える

…「恩送りの経済」をフルに機能させ、あなたの周りの人たちの成功に力を貸していますか。

原則43

物理的な不便や心配事を解消する

…あなたの潜在能力を最大限に発揮することを妨げている物理的な障害に対処しましょう。

原則44

踏み込んだ質問で相手の答えを引き出す

…物事の核心に迫る質問の仕方にはルールがあります。

原則45

効率的に要点をメモする

…シニア・リーダーが実践しているように、書き留める言葉を少なくすることで、より多くの情報を頭に入れる訓練となり、記憶力を強化できます。

原則46

新たな人生に対する心構えを持つ

…自分が望む変化にも、心ならずも課せられた変化に対しても、早く立ち直り、順応性を持ち、寛容になりましょう。

原則47

リーダーに必要な資質を認識する

…あなたがリーダーになるための究極の必要要件があります。

原則
42

知識とツールは惜しみなく他人に与える

マッキンゼーがイギリスのケンブリッジで開催した1週間の研修イベントの一環として、ハーバード大学でポジティブ心理学を教える、有名なタル・ベン＝シャハーに講義を受けた時のことです。

このイベントには、リーダーシップへの最初の一里塚に到達したと認められた、およそ600名のエンゲージメント・マネージャーが世界中から集まりました。ベン＝シャハーは、幸せに到達するための6つの要因を紹介しました。

(1) 将来の目標
(2) 継続的に与えること／奉仕すること
(3) 楽観的な物の見方
(4) 特定のロールモデル
(5) 長所を重視するアプローチ

(6) 少なくとも週3回の運動

（2013年7月ケンブリッジ大学におけるエンゲージメント・マネージャー・カレッジでの講義より）

このうちのひとつ、「与え、奉仕する精神」の重要性について、思いあたるものがありました。

マッキンゼーに浸透している「恩送りの経済」

マッキンゼーにビジネスアナリストまたはアソシエイトとして入社して、最初に学ぶことのひとつが「協力を求めること」です。若手コンサルタントは、業務機能に関する専門知識や業界での経験が乏しいので、シニア・リーダーに何度も協力を仰ぎます。

最初は誰でもちょっとためらい、有意義な回答がもらえるかどうか、それどころか自分のメッセージが理解してもらえるだろうかと、心もとなく感じます。しかし、誰もが驚くほど早く経験するように、シニア・リーダーやエキスパートからは貴重な回答がすかさず戻ってきます。

マッキンゼーの文化には「情けは人の為ならず」という「恩送りの経済」が浸透していて、それが会社の成功の大きな要因となっていました。懐の深い、思いやりの精神に刺激を受けた私は、さっそくそれに倣ったのです。

1年目に実行したのは、オフィス仲間だった複数のビジネスアナリストたちと蓄積したツールや研修資料を、全アナリストたちに共有することでした。同僚が図表を作る際に効率良く利用できるように、業務機能／業界別にきちんと分類しました。

例えば、詳細の異なるプロセス・フローやバリュー・マップを共有したり、何日もかけて苦労して作ったエクセルの財務モデルも回覧しました。こうしたツールをありがたく思ってくれて、直接私に詳細を聞きに来た同僚もいました。また、単なる楽しみとして、さまざまなアイコンや、洒落た棒線画、プレゼンで使うべきでないものなどを集めてみたりもしました。

その後、こうした努力が発展して、目的別のインタビューの指針からエグゼクティブ・サマリーに至るまで、多くのさまざまなコツを共有できるようになりました。資料は機密性を下げるために編集を加えたうえで公開したことは言うまでもありません。

他人に手を貸せば、誰かが自分を助けてくれる

競争の激しい環境では、特定の人しか入手できない資料をほかの人と共有することは、自分の競争力を弱める恐れがあり、理にかなっていないように思えます。特にマッキンゼ

ーでは、「Up or Out（昇進できない者は去れ）」という風土があったため、私も最初はそうした寛大さはみずからの首を絞めるのではないかと思っていました。

しかし、その狭量な考えは間違っていました。そう感じたからこそ、先のようなツールの共有も積極的に取り組めたのです。知識はどんどん共有するべきだ、という文化をすぐに学んだからです。そもそもマッキンゼーには、1ページにまとめられた貴重な知識から奥深い研究論文まで、幅広い情報を共有できる社内データベースがありました。20超の業界と十数種類の業務機能を網羅したデータベースから、自分のプロジェクトに関連性の高い専門知識や能力開発の資料をいつでも引き出せたのです。著者名のほか、資料のだいたいの有効期限、対象となるオーディエンス、許可、権利などの情報が記載されていました。

そして、コンサルタントやリサーチャーはそれらを使える感謝の印として、データベースに情報をアップロードするなどして貢献しました。コンサルタントが「プロジェクトに備えて充電する（ramp-up for a study）」と言う場合、大抵はこのような過去の資料を読み、基盤となる有意義な知識を短時間で蓄積することを指していました。

こうした文化の根底にあったのは、義理より自尊心と言えるかもしれません。私の経験から言うと、他人の成功に力を貸せば、手を貸した本人でなかったとしても、ほかの誰かがあなたの成功に力を貸してくれるはずです。

実際、私がいまだに思い出すのは、あるプロジェクトで一緒だったパワフルなシニア・アソシエイトが、アナリストからアソシエイトへ昇進するためのコツを直接手ほどきしてくれたことです。彼は私を励まし、指導役になってくれました。彼が送ってくれた貴重な資料は今でも使っています。

それは、リーダーの重要要件と成長のニーズを図式化したテンプレートでした。彼の助言のおかげで、私は非常に早い段階で、昇進という個人的なプロジェクトにおいて集中して努力すべき点を知ることができました。それだけでなく、昇進を決定する委員会の仕組みや、誰がそのプロセスに関与しているのかも学びました。

〝与える精神〟を身につけると、あなたの自己改革の道も劇的に強化されるのです。

自分の腕を磨くことにもつながる

ハーバード大学のベン＝シャハーに話を戻しましょう。

講義の中で、彼はシカゴのスラム街に住む孤児たちの話を紹介してくれました。はみ出し者の孤児グループは、ずっと貧しく、問題を抱え、長年にわたってコミュニティの不幸な負の部分となっており、いくつもの試みがありましたが、どうしても彼らを助けられませんでした。そこで数名の心理学者が加わり、孤児たちに、彼らよりももっと恵まれない人たちを助ける奉仕活動をさせました。すると奇跡が起こったのです。奉仕活動を終えた孤児たちに変化が現れました。学校の成績がよくなり、社会的な態度も改善しました。

この話から得られる教訓は、他人を助けるために労力を払うと、自分自身の成功のためにも努力するようになる、ということです。もちろん、仕事の世界はそれほど感動的ではありません。それでも、他人に力を貸し、尽くすことを実践し始めると、じっくり考えるきっかけができます。

例えば、粗末なプロセス・フローの図を共有するわけにはいかないので、できるだけ良いものに近づけようとするはずです。いわば、自分の腕を磨くことになるわけです。コツをつかむと、次に同じような課題に直面した時には備えができていて、さらに高みを目指すことができるのです。

最後に、他人に尽くす努力を最大限に実らせる方法について、少々アドバイスしたいと思います。

まずは「みんなに大きな付加価値を与えるものは何だろう?」という質問から考えればよいでしょう。その次に「私自身に大きな付加価値を与え、しかも他の人も大いに恩恵を受けられるものは何だろう?」という点に思考を移してください。

こうすると、その努力に気持ちを合わせやすくなるので、やりがいを感じ、質の高いものを生み出せます。それだけでなく、努力を継続しやすくなることが最も重要な点です。もし社外の奉仕活動にも興味があるなら、老人ホームで奉仕活動をしたり、恵まれない子供たちに勉強を教えたりするだけでなく、もう少しクリエイティブな発想もしてみてはどうでしょうか。

私の場合、友人が幹事を務めるランニングのグループに加わりました。このグループは、ガンと闘う少女を助けるため、寄付を集めることを目的に走ります。毎週末、みなで走っては、誰もが寄付しました。自分たちの楽しみのためだけに走るのではなく、走ることで他人とのつながりが強まるのです。おかげで健康のありがたみに気づくこともできて、走ることを当然と捉えず、その意味を意識するようになりました。

あなたも、他人を突き動かすような理念や意義を探してみましょう。それがあなた自身の信念を強め、望む結果を出すことに役立つはずです。

原則
43

物理的な不便や心配事を解消する

些細な問題のようでも、私生活上の不便や心配事、とりわけ〝物理的な〟障害はあなたの成功への足かせになります。

一例をご紹介しましょう。経験を買われて、マッキンゼー上海支社に採用された人がいました。奥さんは東南アジアで暮らしており、ヨーロッパ在住の両親も彼のサポートを必要としていました。そのケアのために、彼は期待通りの業績が上げられないという、重大な問題に直面したのです。最初から、上海支社での勤務には地理的に無理がありましたが、それでも本人は採用のオファーを受けることにしたのです。それが失敗のもとでした。

例えば、あなたが仕事に就いたばかりなら、少なくとも最初の数年間は、オフィスの近くに住むほうがいいでしょう。夜遅くまで残業する場合、ドア・トゥー・ドアで20分と1時間では、睡眠時間に大きな差が出ます。睡眠不足は、長期的に見て業績に多大な悪影響を及ぼします。

オフィスの近くに住むことには、ほかにも多くのメリットがあります。何かのスキルを向上したい場合、あるいは何かのテーマについて研究したい場合、仕事が終わった後でオフィスに残って勉強することもできます。

「時（Time）と場所（Place）と場合（Occasion）――略してTPO――をわきまえて」（服飾ブランドVANの創業者、石津謙介の発案）という言い回しを聞いたことがあるでしょう。なぜなら、それが人生における成功を左右する鍵だからです。

では、「時」「場所」「場合」という3つの不確定要素のうち、一番コントロールしやすいもの、自分の力で変えられるものはどれでしょう？

「時間」は絶対に難しく、「場合」も他の人次第の部分があります。消去法で残った「場所」という物理的な空間は、一番コントロールしやすそうな要素だと言えます。

わずかな行動の違いが人を変える

あなたの長期的なメリットを最大化できるよう、意識的に日々の決定を行いましょう。例えば、家の掃除や片付けをしてくれる人をパートで雇えば、人脈づくりやスキル強化により多くの時間を費やせます。コストが高くつくようにも思えますが、間違いなく大きな見返りがあります。詳しく比較検討してみれば、週末にほかのことを実行したり計画する代わりに家の掃除に助っ人を数時間雇うのは、極めて手頃な出費といえます。

わずかな行動の違いが、人生を変えるのです。

自分の時間の価値を最大限に高め、できる限り多くの物理的障害を排除することを非常に強く意識しているというジェームズ・ホアンは、次々と起業を成功させ、現在はチャネル・アドバイザー社（クラウドをベースにしたeコマース管理ソリューションを提供する、ニューヨーク証券取引所の上場企業）大中国圏担当の取締役副社長を務めています。彼は「いつだって邪魔は入るものなので、鮮明な目標を常に心に描き、未知の要因を徹底的に排除する方法を常備していることが肝心だ」と言っていました。

成功の妨げになるものを物理的に排除することは、古代中国から伝わる風水の考え方にも通じるところがあります。風水の「風」は気（エネルギー）の通り道を、「水」は気の集まるところを指し、室内の気のバランスをとる方法を伝授するのが風水術です。風水では道教の陰陽五行説を応用して、物をあるべき場所に配置すると運勢がよくなると考えます。あなたの目的を達成するために、風水の考え方を心にしっかり刻みましょう。例えば、勉強に専念したいならテレビを遠くに置くことが大切です。

明らかな落とし穴に用心する

キャリアにおいても、明らかな落とし穴に用心し、できるだけ避けるのが賢明です。ちょうどよい教訓話になる、私の個人的な経験を紹介しましょう。

正規のエンゲージメント・ディレクター(プロジェクト担当プリンシパル)がいない中華圏のプロジェクトをオファーされた時のことです。実は、本来のエンゲージメント・ディレクターがいたのですが、別件の準備に忙しくしていました。また、プロジェクトの相手は新規のクライアントで、悪いことに、そのクライアントの業種を手掛けた経験は全社的に乏しかったのです。

そのうえ、関与していたほかのプリンシパルも、十分な時間を割けない状態でした。おまけに、プロジェクト自体の期間も通常より短縮されていました。そんな厳しい状況にもかかわらず、自分ならうまく乗り切れるだろうと安易に考えて、私はオファーを受けてしまったのです。それまで成功続きだったので、慎重さが欠けていたのも事実です。

このプロジェクトは結局、クライアントの期待通りかそれを上回る成果を上げられたので、クライアントには感謝されました。しかし、その内幕はといえば、期間中は尋常ではないほどプロジェクトメンバーの労働時間が費やされ、チームの士気は低下しました。私は自信を喪失し、それがチーム内の人間関係にも影響しました。もともと悪条件が重なったことはみなが知っていましたが、誰もそれを進んで認めようとしませんでした。非難の矛先は私に向けられ、プロジェクトも継続されませんでした。私はこの時のリーダーとしての手痛い失敗を通じて、自分のやる気だけではプロジェクトを遂行できないことを痛感したのです。特にメンバーをきちんと確保し、各人がフルに貢献できる状態なのか事前調査する重要性と慎重さを学びました。

これだけは覚えておいてください。きちんと段取りが整っていれば、それだけで成功に一歩近づいているということを。本当に、それほど単純なことなのです。

原則
44

踏み込んだ質問で相手の答えを引き出す

コンサルタントとは、いわばクライアント企業の相談相手です。

優秀なコンサルタントは、駆け出しの頃から、質問形式でクライアントを成功へ導いていく方法を身につけていきます。一方、無能なコンサルタントの典型は、いつでも自分が答えを教えなければならない、すぐさま教える立場に回らなければならないと考えています。

大抵の場合、クライアント企業のトップや幹部層はすでに多くの答えを持っているものです。教えるよりも、むしろ彼らの答えを引き出し、彼ら自身に発見させるプロセスが重要なのです。

マッキンゼーでトップクラスの業績を上げているシニア・ディレクターは、的確な質問をするコツを心得ていました。その的確な質問とはどのようなものか、掘り下げて考えてみましょう。


最初は、分かりやすいように例を挙げます。

ある製品の価格の決定に、あなたが手を貸していると仮定します。通常のやり方では、決定の判断材料となる要素に関する質問をします。

なぜ値上げしたいか、値上げ幅はどれくらいか、またそれはなぜか、いつが一番いいタイミングかなど、基本的には「誰が（Who）、何を（What）、どこで（Where）、いつ（When）、なぜ（Why）、どのように（How）」という「5W1H」の質問です。

ただし、これらは表層的な浅い質問です。


〝なぜ〟の質問でどんどん追求していく場合でも、表面的な質問であることに変わりありません。次のようなやりとりになるでしょう。

「なぜ値上げしたいのですか」
「競合他社が値上げしているから」
「なぜ競合他社は値上げしているのですか」
「物流コストが増大しているから」
「なぜ物流コストが増大しているのですか」

こんなふうに突き詰めていけば、決定的な根拠にたどり着くかもしれませんし、標準的な手法ですが、膨大な時間がかかり面倒です。

決断に至るもっと賢明な別の手法があります。あなたが質問したい行動（この例では「価格決定」という行動）が、すでに完了していると仮定するのです。そのうえで、次に何が起こるかを質問します。

「値上げしたいのは分かりました。そのアクションが行われたと仮定すると……」から始めます。

「競合他社はどう反応しますか？」
「会社の長期的な収益率はどう変化しますか？」

「他の製品ラインへのマイナスインパクト（カニバリズム）は？」
「それでも値上げしたほうがいいですか？」

こうすると、会話は自然と興味深い展開になり、結果がどうなるかを深く掘り下げて考えてもらうことができます。また、前もってあれこれ分析したり調査したりする手間が省けます。「こうしたらどうなるだろう？」と、最初から物事の先を読むことを心がけましょう。こういう考え方を、デーヴィッドというシニア・プリンシパルは「ゲーム理論の心構え」と呼んでいました。

戦略的なゲーム理論の考え方では、すぐ次の手だけでなく、その先の多くの手を読むことに努めます。そうすると、より幅広い選択肢の中から解決策を選んで問題に取り組むことができるからです。先を読んで一歩踏み込んだ質問をする場合も、同じメリットがあります。

別の視点から物事を考えてもらう方法は、ほかにもあります。マッキンゼーで使われていた、相手の答えを引き出すための質問をご紹介しましょう。

1　「もし～だったら」と理想の状態を想定した質問

∴ある条件や状況が整えば、展望が変わる場合に使われます。

事例

・今の世の中をxとして、もしあなたがxをyに変えられるとしたらどうしますか？

・もしあと10億円あったら、別の行動をとりますか？　それはどんな行動でしょう？

できれば、この質問に続けて、「それを実現するために、現在何ができるでしょう？」と重ねて質問するといいでしょう。

2　「～だと納得するためには何が必要ですか？」と尋ねる質問

∴仮説や思い込みを検証するために使われます。

事例

・御社の売り上げが倍増すると納得していただくには何が必要ですか？

・御社の下位2割に当たる社員の生産性も向上できると納得していただくには何が必要ですか？

3 「逆の立場に立たせる」質問

：既存の仮定や論理に存在する潜在的な欠陥を特定するために使われます。

事例

• 競合他社が御社の立場だったら、何をするでしょう？
• あなたの後継者が今すぐCEOの役割を引き継ぐとしたら、何をするでしょう？

4 「他の選択肢や代替案」を尋ねる質問

：現在提案されている選択肢以外の道がないかを検討し、代替案を提示するために使われます。

事例

• 目的達成のための3つの方法を伺いましたが、それ以外の方法で目指す成果をもたらすことはできますか？
• 他にもっと良い手はありませんか？

これは「A、B、またはC」という選択式ではなく、自由回答式の質問なので、相手の考えを発展させることができます。

5 「現実的で実行可能な次のステップ」を尋ねる質問

∴目標達成に向けた具体的なステップを導き、潜在的な障害やリスクを見極めるために役立ちます。

事例

・新規に100名を採用し、同時に現社員の1割を解雇するうえで、障害は何ですか？

・次に起こることは何でしょう？ 今後これを担当するのは誰でしょう？

的確な質問をするのは、誰にとっても難しいことです。だからこそ、その能力を身につければ、あなたを際立たせる強力な武器になります。相手の答えを導くこれら5種類の質問を参考にして、自分なりに考えを深め、質問を実践してみましょう。

ただし、頭の中にいろいろな質問のパターンを用意していれば、示唆に富んだ質問ができるというわけでもありません。核心に迫る有意義な質問をするカギは、第1に、業界や業務機能における経験を積むこと、第2に、クライアントや、クライアントの置かれた状況、あるいは人物そのものに対する感度を高め相手の立場で考えること、第3に、次々と物事を掘り下げていくように努めること、にあります。

原則
45

効率的に要点をメモする

北米のあるプロジェクトで、エンゲージメント・マネージャーのモニカに出会いました。彼女の手帳は非常にすっきりとまとめられ、箇条書き1個につき、2~3語しか書かれていませんでした。各ページは文字よりも圧倒的に余白が多かったので、私はこの興味深い現象に思わず目を奪われたのです。それからというもの、私は会議で聞いたことと、モニカがメモすることを観察しました。

例えば、会議で誰かが「2月27日にワークショップを開催しましょう。参加者は部長3名、詳細な対応策、教訓、新しいプロセス・フロー、必要なリソースと期日、次のステップの提案作成にそれぞれ1時間ずつ費やすこととし、次の2カ月間に3回の運営会議を行いましょう。参加者は20名未満です」と発言しました。

モニカのメモは「ワークショップ2/27、詳細な提案、次のステップ」、たったこれだけ。

一方、私はなるべく要点を漏らさないように、一生懸命あれこれ細々と書き留めていました。その後、社内の問題解決会議の席で、興味深いことが起こったのです。モニカは、手帳に書き留めたのとぴったり同じ内容をホワイトボードに書き、詳しく説明しながら完全な内容を再現したのです。その場にいた私は度肝を抜かれました。

次の日、私はたまたまルークというシニア・ディレクターとともに、上級副社長やCEOとの大事なミーティングに出席することになりました。ルークはモニカよりひと回り小型の黒いモレスキンの手帳を持っていました。私は興味を惹かれ、彼がページをめくっている時にちらりと目をやりました。なんと、またもや同じ（やや乱筆だった以外は）簡潔なメモを目撃したのです。

その瞬間、こうしたメモの取り方には秘密がある、と思いました。

ほかの人にうまく伝えられる効果も！

この件についてモニカに尋ねると、特殊な技が私の目に留まったことを嬉しそうに、まずにっこりしました。そして、メモを少なくするのは、脳を鍛える集中的な訓練方法なのだと教えてくれました。

メモを取らない分だけ物を覚えざるを得なくなりますが、それだけでなく、目の前の議論に対して集中力が一層高まることが第1のポイントです。

「シニア・リーダーのほうが若手のメンバーより議論に集中できる理由は、ここにあります」とモニカは言いました。また、彼女は、シニア・リーダーの箇条書きが自分より短いだけでなく、箇条書きの項目自体も少ないことにすぐに気づきました。当時、彼女は優先順位づけのスキルを鍛えるために、「一見大事なポイントに見えて、実は不要な物」を取り除き、「本当に重要な物」を残すことを学ぼうとしていたのです。

第2に、要点を分かりやすくまとめる練習になります。当然、いろいろ試してみる必要がありますが、集中して取り組むうちに、会話の全容を思い出させるような「キャッチフレーズ」が分かるようになるはずです。好きな歌の歌詞を思い出すのとよく似ています。私の場合は、ワム！の「Last Christmas, I gave you my heart...」と歌い出せば、自然と続きの「...and the very next day, you gave it away」が口をついて出てきます。出だしのピンとくるフレーズを覚えておくと、役に立ちます。

第3に、メッセージをほかの人に伝えやすくなるとともに、聞き手の理解度に合わせやすくなります。その結果、あなたのメッセージの印象が強まります。例えば「グローバル市場の標準である複雑な製品デザインおよび機能は、当社がさらなる中国の都市へ進出することを妨げている」と言われてもなかなか覚えられませんが、「中国の都市へ進出する際は過剰なエンジニアリングを回避する」と半分程度に短縮すれば、ぐんと頭に入りやすくなります。

簡潔にメモをとる練習に役立つポイントをいくつか紹介します。

1　小型の手帳を買う：まず、1ページずつ大事に書き込みたくなるような、趣味の良い高価な手帳を買ってください。ポケットサイズよりは大きい、小型の手帳にしてください。お勧めは、プロフェッショナルな印象を与える、黒い革製あるいはモレスキンの手帳です。

2　早めに目的意識を持つ：自覚がない場合は特に、集団のなかでの積極的傾聴は難しいものです。

3　リスクのない場面を練習する：フィードバック会議はうってつけです。研修はなお良いでしょう。研修の機会を一年中設けている企業が多いので、その機会を利用してメモを取る腕を磨きましょう。

4　同僚に力を借りる：研修や会話の要点をまとめてメモを見せ合い、どれだけ「少なく」メモを取れたか確認しましょう。

ょう。

5　時間をかけて練習する：私たちは学生時代を通じて、非常に「良い」メモの取り方として、長く、詳しく書くように教え込まれてきました。しかし、短いメモを取るほうが、記憶力と傾聴力が向上し、優先順位づけがうまくなることを、しっかり覚えておきましょう。

結局、要点だけを頭に入れる人は、より幅広い情報を記憶できるようになります。なぜ上司はあれほど多様な話題や、仕事の問題や、人間関係を同時に操れるのだろうと舌を巻いた経験があなたにもあるのではないでしょうか？　おそらく、彼らはより多くの情報をより少ない言葉で区分でき、手がかりとなる「キーワード」さえあれば、記憶の引き出しの奥から膨大な情報を取り出せるのでしょう。

あなたがこれと同じ技を習得すれば、リーダーを目指すうえで優位に立てます。短くメモする技をマスターすれば、2時間を超える会議も我慢できるようになるはずです。さっそく明日から練習を始めましょう。

原則
46

新たな人生に対する心構えを持つ

人生というのは、予定通りにいかないものです。

「マスコミで長くキャリアを積みたいと思っていたが、チームのリーダーが変わり者でいじめを受けた」

「留学しようと思っていたが、行こうとしていた国でその年に大きな暴動が起こり、行くのは危険だと両親に説得されてしまった」

「昇進が間近だったのに、会社が突然外部の人を雇い、そのポジションを埋めてしまった」

映画『フォレスト・ガンプ／一期一会』でフォレストがいみじくも言ったように、人生はまさに「チョコレートの箱」、何が待ち受けているか分かりません。しかし、人生のさらに素晴らしいところは、〝欲しいものや、したいことが絶えず変わる〟ことです。

だからこそ、柔軟な姿勢を保つことが重要です。強いられた変化にせよ、あなた自身の意思でもたらされた変化にせよ、自分自身の転機となる出来事に対して、立ち直りを早め、順応性を高め、寛容になりましょう。

欲しいものは変わっていく

自己認識を変えることは、良い出発点になります。

私たちみずからの自己認識や価値観も、絶えず変化していることを知っていましたか。

例えば、大成功を収めた人物に称賛の言葉をかけた時のことです。彼は名門大学で教鞭をとり、多くの本を出版し、一流企業で卓越した地位を占めています。私は、どうすればそれほど多くの試みを同時に成功させられるのか、想像を絶するほど素晴らしい、と彼に尊敬の念を伝えました。

すると彼は「子供たちと時間を過ごすことに比べたら、どれもたいしたことじゃない」と答えたのです。子供たちの話題に触れると、彼が満足そうに心からにっこりしたのを見て、私はすぐに仕事から子供に話題を移しました。

彼に限らず、年齢を重ねることは、その人の自己認識と価値観に重大な影響を与えます。

例えば、一般的に20代から30代半ばの頃は、できるだけ早く仕事で成功を収めることで頭がいっぱいです。人生における功績を仕事の成功と結びつけて考えがちです。しかし30代後半から40代になると、家族のことや、自分の関心事、社会への貢献といったことが大切になるでしょう。40代半ばから50代を過ぎると、友人関係や健康を重視するようになります。

つまり、あなたが欲しいものは、時を経て変わっていくのです。それに伴って、あなたが自分自身に築き上げたい価値も、他人に与えたい価値も変わります。功績と成功の定義すら、最終的には変わっていくでしょう。

そうした変化が訪れたら、自分の価値観に自信を持つことが大切です。以前より昇進に対する意欲が薄れても、あるいは自分の関心事を追求したり、社会に貢献したりすることをもっと重視するようになっても、何の問題もありません。大事なのは、自分の価値観の変化に気づいたら、〝自分自身を再構築〟できる能力を持つことです。

マッキンゼーのコンサルタントは、常に自分の価値観を見直しつつ自己改革を進め、変化に適応していきます。外国への異動を希望したり、職務の変更を求める場合もあります。プリンシパルやディレクターの中には、大手クライアントがいなくなったことなどをきっかけに、新しい業界に飛び込む人もいます。変化の大きさにかかわらず、本人の柔軟性が試されます。自己変革に成功した人は生き延びて、自分自身の新たな道を切り開くのです。

運任せでなく、みずから人生を飛躍させたひとりの成功例をご紹介しましょう。

マッキンゼー在籍20年を超えるあるシニア・ディレクターによると、彼のキャリアには4つの大きな転機があったといいます。ひとつ目は、飽くなき冒険心を満足させようと、ビジネスアナリストとしてアジアに赴任したこと。2つ目は、ヨーロッパでアソシエイトからエンゲージメント・マネージャーに移行した時期。このエンゲージメント・マネージャーへ移行したことが「最も印象的な経験だった」そうです。3つ目は、共同設立者兼プリンシパル兼支社長として、中華圏でゼロから事業を立ち上げたこと。4つ目は、シンクタンク部門に移り、研究に専念することを決めたことだそうです。

自分でコントロールできるか否か見極める

転機が訪れると、それまでに確立した価値は瞬く間に失われ、新しい環境で時間をかけて自分の価値を再構築しなければなりません。そのとき、自分でコントロールできるものは何なのか、を理解することが大切です。

例えば、先述のディレクターが中国へ異動した時(3つ目の転機)、言語のカベや現地の知識が足りなかったこと、外国人であることなど、さまざまな問題に直面しました。自分には限られた手札しかない、とも分かっていたと言います。中国語は流暢でしたが、地元の役人と深く交流できるほどのレベルには及ばず、文化的な距離を感じていました。

「一度に取り組めたクライアントは、1件か、多くても2件だけだった。望んだというよりも、それが限界だったからだよ」と、彼は当時を振り返って言いました。多国籍企業をクライアントとするプロジェクトは、先方のCEOが訪問してくれたおかげで実現できたそうです。

「コントロール不可能なものばかりでも、着実に適応し続けることが肝心だ」と彼は言います。実は、会社の指示により1980年代中頃に2~3年ほど現地を離れなければならない時期があり、再び競争が激化した市場に舞い戻ったのですが、どれほど見込みが厳しい状況でも、彼は新たな自己構築を怠りませんでした。

あなたも、人生における転機や新たな自己構築に備えましょう。誰しも自分の期待が変化するのは普通のことであり、その変化とともにあなたの望みも変わるでしょう。

原則 47

リーダーに必要な資質を認識する

最も重要なトピックについて語らないうちに、本書を終えることはできません。

結局、プリンシパルと同等レベルに到達する人物かどうかを決めるのは、簡単に言うとどのような資質なのでしょうか？

これは、ビジネスの世界に入って以来、私のなかで常にくすぶり続けていた質問です。業界全体について語ることはできないものの、マッキンゼーに光を当て、プリンシパルに選ばれる見込みがあるのはどのような人たちなのか、シニア・リーダーの言葉を紹介しましょう。

「どんな基準でプリンシパルを選定しますか」と私は数人のシニア・プリンシパルとディレクターに質問しました。これは多くのコンサルタントや、特にプリンシパルへの昇進が近いシニア・アソシエイト・プリンシパルにとって気になる話題です。

今でもよく覚えていますが、マッキンゼーでは、選定プロセスの全貌をドキュメンタリー番組形式で紹介する、一連のビデオを社内ネットワーク経由で提供していました。映像では、円卓会議の様子や、候補者との面接に関するコメント（候補者が誰のことか、見当がつくこともありました）の他、番組の進行役のマッキンゼー社員が、選定する側の視点から解説していました。

マッキンゼーのコンサルタントの立場では、リーダーになり得る人物かどうかを見極めるには、以下の４つの角度から検討されます。

1　人を惹きつける魅力がある：ほかのコンサルタントやクライアントや上司を刺激し感動させる、人並み外れたエネルギーを持っています。「卓越したクライアント・サービス」でクライアントを魅了してブランド認知を確立し、彼ら独自のマッキンゼー信仰を育みます。

2　問題解決の巨匠である：革新的、創造的、最高水準、高い付加価値、思想的リーダーといった修飾語句がぴったりです。また、マッキンゼーが将来にわたり問題解決のエキスパートとして発展する基礎を築きます。

3　超人的に仕事をこなす：確かな専門知識を持ち、究極の実行力を行使します。クライアントやコンサルタントや他の同僚は、特定のトピックに関して、彼らに助言を求めます。「Xに関することなら、○○さんに聞けばいい」というフレーズがぴったりくる人物です。

4　起業家精神がある（社内的な枠組みで）：自発的に先頭に立ち、新しいものを生み出したり、あるいは既存の事業を次のレベルに押し上げます。起業家のように、限られた資

図4-1　リーダーの基準を示すレーダーチャートの一例

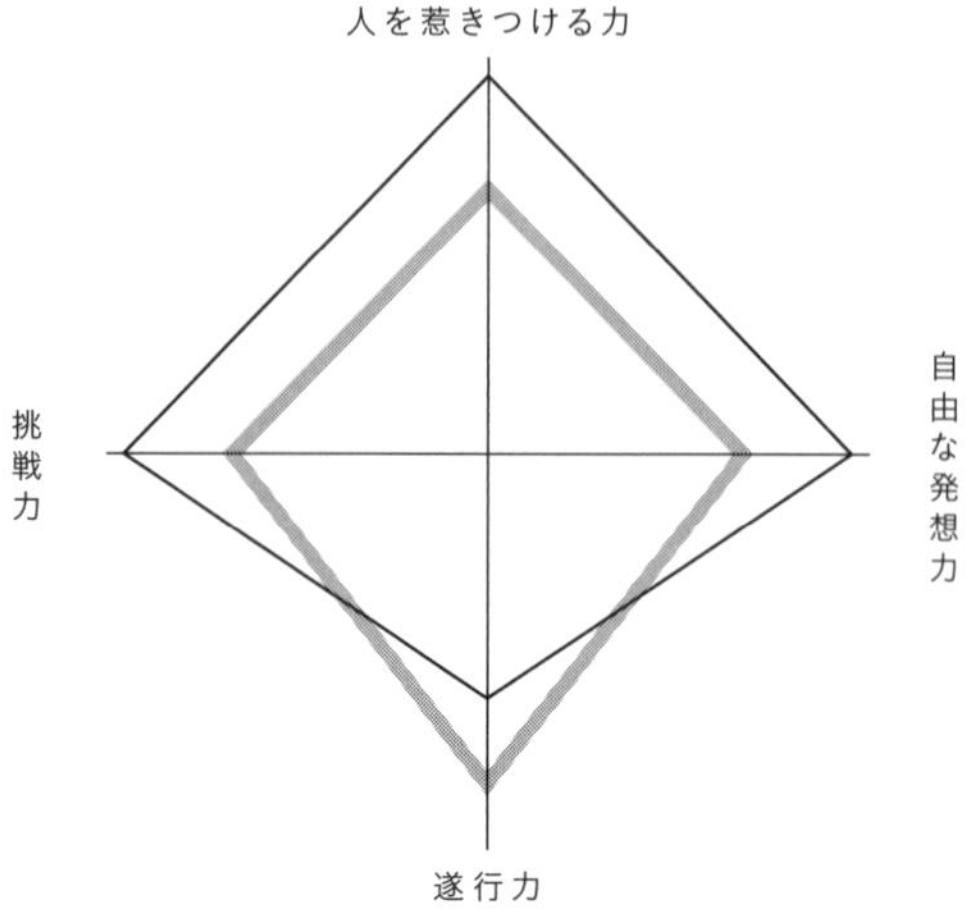

源、人材、資本などを最大限に活用したり、ひとつにまとめ上げたり、計画を策定したりすることに長けています。

「出世の階段をどんどん上って行く人たちは、この4つの領域で群を抜いている傾向にあります。なかなか昇進できない人は一般的に、4つの領域とも可もなく不可もなしという程度か、非常に劣っている領域がひとつあります」と、あるプリンシパルが言いました。

この4つの領域を、レーダーチャート（**図4-1**）に表して考えるといいでしょう。4つの領域すべてにおいて、一定の基準を上回っていることはもちろんですが、普通はひとつの領域に卓越していなければなりません。

この4つの領域は、どんな業界にも適用で

きると思います。多くの企業でリーダーを選ぶ際の基準となるのは「人を惹きつける力」「既成概念にとらわれない発想力」「仕事の遂行力」「新しい分野に挑戦する能力」です。

卓越したリーダーを生む原則を追い求めてきた私の旅の途上で、心に突き刺さった究極の質問があります。示唆に富んだその質問で、本章を締めくくることにしましょう。

「世界中であなたがリーダーシップを発揮するその場所を、より大きなものにするだけでなく、より良い場所にするために、〝あなた自身〟がもたらせるものは何ですか」

リーダーがリーダーたる由縁は、「より良いもの」「ほかとは違うもの」「欠かすことのできないもの」をもたらすことにあるのです。

第5章

Chapter Five :
Become a Thinker and a Writer

我思う、故に我あり。

――ルネ・デカルト

リーダーを際立たせる卓越した思考力

本書を読みながら、みなさんなりのさらに多くの原則が頭に浮かんだのではないでしょうか。

中国には「挙一反三（一を挙げれば三を反す）」ということわざがあります。4つのうちのひとつを教えれば、残りの3つを洞察できるという意味です。儒教の祖である孔子が「ひとつのことを教わって3つを返せるような人材でなければ、学問を教える価値がない」と弟子に語ったという故事がこのことわざの由来です。

マッキンゼーで考えることが好きな人を採用していると思われる理由も、そこにあるのではないでしょうか（ただし、もしあなたがマッキンゼーの面接に行くことがあれば、「私は考えることが好きです」と言ってもダメです。行動で示すこと！）。

遡ること400年以上も昔、フランスの哲学者で数学者のルネ・デカルトも『方法序説』のなかで語ったように、「考えることは人間が存在する証《あかし》」です。実際、世の中には学ぶべきことが山ほどあるのです。

例えば、「起業家」の由来は何でしょう？ 語源はフランス語の「entrepreneur」で、「資本を生産高の低い分野から生産性の高い分野に移して利益を上げる人」（19世紀のフランスの経済学者、実業家ジャン＝バティスト・セイの定義）という意味です。起業家は、新しい発明や新機軸の発想を通じて、文字通り「付加価値」を創出するので、的を射た表現だと言えるでしょう。

また、中国語で〝物〟にあたる言葉は、東と西の2つの漢字で表します。なぜ「物」を「東西」と呼ぶのでしょう？

世界の東と西で商業が盛んだったから？ という直感はハズレで、実は、起源は唐の時代に遡ります。唐の都、長安（現在の陝西省の省都、西安市の古名）では、「東市」「西市」と呼ばれる2つの大きな市場が運営されていて、当時の人たちは「東と西の市場に買い物に行く」とよく言っていたので、「物」という意味を持つ「東西」という言葉が誕生したのです。

多くの偉大な哲学者や思想家が、私たちの思考の世界を広げ、豊かにしてくれました。とはいえ、あなたが今どれほどの知識を持っていようと、すべてを十分知り尽くしているとは言えません。それが真実です。あなたの知識の限界が思考力の限界です。

そこで、よく使われる「既成の枠組みにとらわれない発想」で脳を鍛え、永遠の好奇心を育むことが重要なのです。

知識の源泉は好奇心にあると思います。好奇心が旺盛であるほど、もっと意識が研ぎ澄まされ、知りたいという気持ちが強まります。

例えば、本を読んでいて「リーダーの仕事の要は革新にある」という一節を目にしたら、アップル社の「Think Different（発想を変えろ）」キャンペーンの仕掛け人で、今や伝説的な人物となったスティーブ・ジョブズが頭に浮かぶかもしれません。あるいは別の機会に「リーダーの仕事の要は優秀な人材を発掘することだ」という記事を読んだら、「自分より頭のいい人たちと付き合え」といつも言っていたジャック・ウェルチが言いそうな言葉だな、と想像しそうです。

一体、どちらが真実なのでしょう？

「革新の創造」と「人材の発掘」の、どちらがリーダーの仕事でしょうか？

実際は、それぞれの表現を体現した伝説的なリーダーがいます。おそらく、革新と人材はともに、優れたリーダーになるために必要でしょう。

大抵の場合、重要なのは事実や証拠そのものではなく、関連づけをしたり意味合いを読み取ったりすることです。このことを認識すれば、自分がどんなタイプのリーダーになりたいのか、とるべきリーダーシップのスタイルについてもっと興味が深まるのではないでしょうか。

私たちは常に〝もっと学ぶ〟ように言われて育ちます。学ぶのは確かに重要ですが、本当に楽しくなるのは〝もっと考える〟時、思考や物事や出来事を根本的な部分まで掘り下げて、真剣にその意味合いや関連性を考える瞬間です。考えて学び、学んで考える、というサイクルを繰り返すことに本当の喜びがあります。

マッキンゼーのコンサルタントと将来のリーダーの共通点を挙げるとすれば、やはり、物事をとことん考え抜く姿勢にあるのではないでしょうか。リーダーとして成功する原則について時間と労力をかけて考えようとすることも、将来有望な証です。

書くことの価値を説いたマービン・バウアー

本書の終わりに、あなたへの〝餞《はなむけ》〟として、マッキンゼーで最も影響力を持ってきた、傑出したリーダーといえるマービン・バウアーの言葉を紹介しましょう。

高度な専門サービスというコンサルティングの概念を確立し、徹底的に質にこだわったマービンは、マッキンゼーを築くとともに、将来にわたりコンサルタントが目指すべき、持続する価値を掲げました。今日でも、同業者のコンサルタントのほとんどが、マービンを経営コンサルティング業の祖と見なし、とりわけ経営者や指導者へのコンサルティング業に果たした功績が認められています。

マッキンゼーに入社するコンサルタント全員に配られるマービン著の社内テキストには、次のように書かれていました。

「私はプロジェクトの非常に早い段階から書こうという意欲が強かったおかげで、エンゲージメント・マネージャーとして役目を果たす機会が増えた。〔中略〕長年私はこのアプローチを奨励し、マッキンゼーについて思うところをどんどん書き表すようにとアソシエイトたちに言ってきた。実行した人は多くはない。実際に検討してやる価値があると判断した人は大抵、他の面でも優れた頭脳と気質を備え、責任ある役職に昇進するのにふさわしい人物だった」

そして、この項の最後に「質の高い報告書を書くのは難しいので、完全に省略したり、視覚資料の複製で代用してしまうことが多すぎる」と締めくくっています。さらに、マービンの最初の指導役のひとりだったマック（マッキンゼーの設立者ジェームズ・O・マッキンゼー）の言葉を引用し、報告書を書くことの重要性も強調していました。

「彼ら［アソシエイト］の頭の中がきちんと整理されない限り、論理的で明快な報告書を書くことはほぼ不可能だ。したがって、報告書は最も効果的な研修の道具になると私［マッキンゼー］は考えている」

あなたの今後の成長に欠かせない重要なポイントが、ここから読み取れます。

それは、あなた自身の成功の原則を「書き」留め、質に重点を置く理路整然とした仕組みのなかで、それらの原則を忠実に「実践」することです。あなたがこの先リーダーシップ精神を育むために、最も効果的な道具のひとつになるでしょう。

本書の執筆にあたり、幾晩か眠れぬ夜を過ごしながら、私が悟ったことはほかにもあります。筋道を立て、大事な要点やすぐにとるべき行動を項目ごとにまとめるのは、根気のいる、精神的に極めて辛い作業でした。

『天才！ 成功する人々の法則』（勝間和代訳、講談社、２００９年）の著書マルコム・グラッドウェルは、どんな分野であれ、一流になるには最低１万時間の練習が必要だと述べています。この場合の練習とは、全力投球の練習です。

『ニューヨーク・タイムズ』紙でテクノロジー関連の記事を書いているジャーナリストのクライブ・トンプソンは、著書『Smarter Than You Think(技術を使いこなしてもっと賢くなれ)』で、「書くという行為により、［プロの書き手は］曖昧な観念から明快な考えを引き出すことを余儀なくされる。［中略］作家がよく、自分が何を言いたいのか、書き始めてみて初めて分かったというのはそのためである」と言っています。

頭の回転に比べて、筆の進みは常に数光年の後れをとっているという思いに悩まされていた私は——実際、それは大問題だったので——、この言葉に救われました。今では、一度に少しずつしか進められなくても、安心していられます。大志を抱く人は誰でも、書くことを練習して日々上達させるべきだと確信しています。

いつの日か、あなたが仲間の社員に経営理念の覚書を送るべき立場になった時、深い恩恵を手にすることができるでしょう。少なくとも私はそう願っています。

Column

マッキンゼーの成功の柱である組織モデル

マッキンゼーの階層構造は本書の冒頭でも紹介した通りです（**図A-1**）。コンサルティング会社が提供しているのは、複雑かつ高価なサービスで、多岐にわたります。当然、そうしたサービスを提供し続けるには、極めて優れた営業マンと販路が必要です。

同じことは、特に企業間商取引のフランチャイズにも言えます。成功するには、高いブランド価値、優れた実績を生み続ける社風、一流の人材、専有の知識の源、優れた組織構造など複数の力が同時に作用しなければなりません。

事業が成功する理由は、必ずビジネスモデルに現れていると言われます。つまり、人々が与えられた役割をきちんと実行できるような仕組みがあるということです。マッキンゼーや後続のコンサルティング会社が成功してきた理由は、独自の問題解決手法を備えた、無駄のない組織構造にあると言えるでしょう。コンサルティング会社だけでなく他の企業も、そのビジネスモデルに倣ってきた点があると思います。

図A-1　マッキンゼーの階層構造

職階	職務概要
ディレクター	新たな業務機能や業界に特化したサービス基盤を開発する。社の方向性を決定する。他のディレクターとともに共同株主として行動する。
プリンシパル	新規や既存のクライアントのプロジェクトを管掌する。ディレクターと協力する。チームに指示を与える。社の株を保有する。
アソシエイト・プリンシパル（AP）	複数の既存のプロジェクトの会議に出席する。新規顧客を開拓する。プリンシパルやディレクターの「弟子」として経験を積む。
エンゲージメント・マネージャー（EM）	日々のプロジェクト、チーム、複数の顧客の責任者への対応を指揮し、マッキンゼーのAP、プリンシパル、ディレクターの関与を橋渡しする。
アソシエイト（ASC）	複数の作業の流れを担当し、日々クライアントのプロジェクトに取り組む。
ビジネスアナリスト（BA）	ひとつの作業の流れを担当し、日々クライアントのプロジェクトに取り組む。

株主への転換（アソシエイト・プリンシパル→プリンシパル）
リーダーへの転換（アソシエイト→エンゲージメント・マネージャー）

※2015年11月現在

複雑なサービスの場合、営業担当者は組織の最下部に位置するのではなく、〝最上部〟にいることに注意してください。この位置づけを認識すると、最初は違和感があるかもしれませんが、実に合理的かつシンプルな理由なのです。

つまり、数億円にも上るプロジェクトの引き合いは非常に大きなチャンスなので、最善の人選で臨むというわけです。極めて知的水準の高い会話を担当するのが、コンサルティング会社でいえば最も上級の、経験豊かで、訓練を積んだ、コミュニケーションの達人である、ディレクターとシニア・プリンシパルなのです。したがって、コンサルタントは、キャリアの最終段階になって初めて「営業」機能を実際に経験することになります。

しかも、従来型の押しの営業ではなく、クライアントに「なるほど、面白そうだ。今おっしゃった概略やアプローチについて提案書を送ってもらえますか？」と言わせるような、判断材料を与えて答えを引き出す最も高度な形での営業です。熟練したコンサルタントは、氷河全体を見せることなく、氷山のほんの一角だけを答えとして提供するコツを心得ていて、クライアントからさらなる質問を受けることになります。このスキルは複雑なサービスにとって、決め手となるものです。

マッキンゼーでは、長年による研修でこの意識を高め、コミュニケーションのスキルを向上させます。このスキルは極めて重要なので、他社で15年の経験を持ち重役を務めていた人でさえ、マッキンゼーに入社すると、アソシエイトのレベルからの全学習プロセスを短期間で学ぶことになっています。マッキンゼーの研修を経験したコンサルタントは全員、リーダー養成の仕組みを深く理解しています。

まず、基本的なスキルと問題解決力を強化し、次に、傾聴とコミュニケーションのスキルを長年かけて磨きます。最後に、物の考え方と、最も変革が難しい性格について学び、時間をかけてリーダーとして完成されます。こうして初めて、リーダーの仲間入りをするために必要な能力が身につくのです。

本書のテーマは真のリーダーになるための原則ですが、それにはまず、あなたが属する組織の構造と仕組みを理解することが重要です。一般的には、自分が販売する商品・サービスについて学ぶことが、よい出発点になります。

あなたが起業家でない限り、つまり、創立者やCEOとしてリーダーの地位が与えられ、自社のビジネスモデルを理解しているのでない限り、ほとんどの人は昇進を重ねていかなければならないはずです。そこで、昇進にはどんな要因が作用しているか、与えられた地位で成功するにはどうしたらいいかを理解しましょう。

一方で、アソシエイト・プリンシパルになった後、新たに与えられた「営業」の技を習得できない、その役割に馴染めないことを理由に退職する人がいます。そういう人たちは外部企業の経営管理部門や事務管理部門で重要なCOO（最高執行責任者）としてのリーダーの道を目指します。組織構造が機能するためには、働く人たちがきちんと活用されなければなりません。組織のなかには、うまく機能せず、事業の性質にふさわしい構造でないために、管理職にかかる膨大な間接費の問題が生じているところがあります。

例えば、あなたの会社が、台所用品を販売する訪問販売型の営業モデルを基盤にした組織だと仮定すると、それほど多くの管理職は必要ありません。その代わり、販売員一人ひとりの能力を高めるような、より良い研修とツールの他、販売の仕事に向かない営業員を排除する仕組みが必要になります。

マッキンゼーの組織モデルは、コンサルティング業務という商品の性質を前提としています。また、このモデルから、なぜコンサルタントが休みなしで働き続けるのかも説明がつきます。

在職期間にかかわらず、どのコンサルタントも事によると無限のさまざまな役割を課せられているのです。引き合いから契約締結に至るまでの期間が長いため、シニア・リーダーは引き合い段階のプロジェクトに常に営業をかけていなければなりません。同時に、エンゲージメント・マネージャー以下のコンサルタントは経費に見合う成果を上げてクライアントを納得させなければなりません。

唯一の違いを挙げると、シニア・リーダーは売り上げノルマを達成している限り、労働時間を調節できますが、ほかのコンサルタントの仕事は、クライアントの期待に左右されるので、自分でコントロールすることができないのです。

8. Sahoj Kohli, "How walking Can Make Your Brain Healthier—and More Creative," *The Huffington Post*, September 8, 2014, http://www.huffingtonpost.com/2014/09/08/how-walking-improves-your-brain-health-and-creativity_n_5786560.html; Alison Griswold, "To Work Better, Just Get Up from Your Desk," *Forbes*, June 12, 2012, accessed January 10, 2015, http://www.forbes.com/sites/alisongriswold/2012/06/12/to-work-better-just-get-up-from-your-desk/.

第2章

1. Stephen E. Kaufman, *The Art of War* (Vermont:Tuttle Publishing,1996).
2. Stephen R. Covey, *The 7 Habits of Highly Effective People: Powerful Lessons in Personal Change* (New York: Simon and Schuster, 2004), 41.（『7つの習慣　成功には原則があった!』スティーブン・R・コヴィー著、ジェームス・スキナー、川西茂訳、キングベアー出版、1996年）
3. John Medina, "Attention," *Brain Rules*, http://www.brainrules.net/attention; see also his videos on "A perfect commercial" of Apple's 1984 commercial (video log page: 9/9), or visit YouTube, 1984 Apple's First Macintosh Commercial, https://www.youtube.com/watch?v=OYecfV3ubP8.
4. Maya Angelou, *Letter to my Daughter* (New York: Random House, 2008), Kindle edition.
5. Charles Duhigg, *The Power of Habit: Why We Do What We Do and How to Change* (London: Random House, 2012), 129-135.（『習慣の力』チャールズ・デュヒッグ著、渡会圭子訳、講談社、2013年）
6. Sheryl Sandberg, *Lean In* (New York: Alfred A Knopf, 2013), 89-90.（『LEAN IN（リーン・イン）女性、仕事、リーダーへの意欲』シェリル・サンドバーグ著、村井章子訳、日本経済新聞社、2013年）p159
7. Robert Keegan and Lisa Laskow Lahey, *Immunity to Change* (Boston: Harvard Business Press, 2009),14-15.（『なぜ人と組織は変われないのか――ハーバード流自己変革の理論と実践』ロバート・キーガン、リサ・ラスコウ・レイヒー著、池村千秋訳、英治出版、2013年）

第3章

1. Laura Vanderkam, "Stop Checking Your Email, Now," *Fortune*, October 8, 2012, accessed July 7, 2013, http://fortune.com/2012/10/08/stop-checking-your-email-now/
2. Marlene Caroselli, *Leadership Skills for Managers* (New York: McGraw-Hill, 2000), 71.

おわりに

1. Yahoo! Finance, ycharts.com/companies/AAPL/market_cap.

2011年10月4日《スティーブ・ジョブズの死の前日》、アップル社の時価総額は3460億ドルで、2014年11月26日には過去5年間で最高の6980億ドルになった。比較のための数字を挙げると、2014年11月26日付のグーグル社とマイクロソフト社の時価総額はそれぞれ3670億ドルと3940億ドルだった。

〈 原注 〉

はじめに

1. ここで挙げた数値は複数の出典による: Del Jones, "Some Firms' Fertile Soil Grows Crop of Future CEOs," *USA Today*, January 9, 2008, http://usatoday30.usatoday.com/money/companies/management/2008-01-08-ceo-companies_N.htm; Kerima Greene, "McKinsey's 'Secret' Influence on American Business," CNBC, September 13, 2013, http://www.cnbc.com/id/101030774.

第1章

1. 早起きに関する記述は複数の情報源を参考にしたもので、情報源のウェブサイトのそれぞれは、さらにAP通信、『Fortune』誌、『New York Times』紙などを出典にしている。私は入手した情報を簡単な表にまとめ、CEOの起床時間を分析した。直接の情報源となったウェブサイトは次のとおり: from Tim Dowling, Laura Barnett, and Patrick Kingsley, "What Time Do Top CEOs Wake Up?" April 1, 2013, accessed January 8, 2014, http://www.theguardian.com/money/2013/apr/01/what-time-ceos-start-day; Max Nisen and Gus Lubin, "27 Executives Who Wake Up Really Early," January 11,2013, accessed January 8, 2014, http://www.businessinsider.com/executives-who-get-up-early-2013-1?op=l; Kylepott, comment on Jim Citrin at Yahoo! Finance survey, "The Daily Routine of 17 CEOs," *Lifehack Blog*, accessed January 9, 2014, http://www.lifehack.org/articles/lifestyle/the-daily-routine-of-17-ceos.html.
2. Phil Ament, "Thomas Alva Edison," *The Great Idea Finder*, October 28, 2005, accessed December 28, 2014, http://www.ideafinder.com/history/inventors/edison.htm. p158
3. Mark Hurd, "The Best Advice I Ever Got," during his CEO and chairman position at Hewlett-Packard, *Fortune*, August 4, 2008, accessed January 4, 2014, archive.fortune.com/galleries/2008/fortune/0804/gallery.best advice.fortune/6.html.
4. 外側からの視点では、最初に購入を検討した物、インターネットやそれ以外のさまざまな接点、接触のタイミング、消費者主導のリサーチ、その他の要因などに基づいて、消費者調査を実施して分析する。内側からの視点では、どのような論理を働かせて決定に至ったのか、その道筋を図式化する。これは「コンシューマー・デシジョン・ツリー」と呼ばれる。
5. Eric Finzi, "How Smiles Control Us All," *The Atlantic*, January 30, 2013, accessed June 22, 2013, http://www.theatlantic.com/health/archive/2013/01/how-smiles-control-us-all/272588/.
6. Ken Eisold, "Unreliable Memory: Why Memory Is Unreliable, and What We Can Do About It," *Psychology Today*, March 12, 2012, accessed August 3, 2015, https://www.psychologytoday.com/blog/hidden-motives/201203/unreliable-memory; Laura Englehardt, "The Problem with Eyewitness Testimony," *Stanford Journal of Legal Studies*, April 5, 1999, accessed August 3, 2015, http://agora.stanford.edu/sjls/Issue%20One/fisher&tversky.htm
7. Tim Bradshaw, "Lunch with the FT: Brian Chesky," December 26, 2014, accessed Jan 1, 2015, http://www.ft.com/cms/s/0/fd685212-8768-11e4-bc7c-00144feabdc0.html; エアビーアンドビーに転職したグルーポン時代の同僚との昔の会話がこの例のきっかけになった: Phil Ament, James Dyson, *The Great Idea Finder*, March 20, 2006, accessed January 28, 2015, http://www.ideafinder.com/history/inventors/dyson.htm ; Jeff Dyer, Hal Gregersen, and Clayton M. Christensen, *The Innovator's DNA: Mastering the Five Skills of Disruptive Innovators* (Harvard Business Review Press, 2011). (『イノベーションのDNA　破壊的イノベータの5つのスキル』クレイトン・クリステンセン、ジェフリー・ダイアー、ハル・グレガーセン著、櫻井祐子訳、翔泳社、2012年)

おわりに

本書の大部分は、出版されるとは思わずに長年書き溜めていたものです。それをさらに整理したり、尊敬するリーダーたち約20人へのインタビューを実施してさらなる意味づけや示唆を与えることに集中し、マッキンゼー退社後の1年半を費やしてまとめました。

きっかけは、「はじめに」でも触れた通り、同僚から「本書を出版してみたら？」と勧められたことでした。そして、出版はいつしか私の願いになりました。自分自身でも、仕事を通じて学んできた時期に本書のように短く手軽で実用的な本があったら良かったのに、と思っていたからです。

さて、一読してくださったみなさんには、本書の狙いを少し種明かししておきます。

第1章は、自己改善に焦点を当てています。特に3つのテーマ「先手を打つ」「平常心を保つ」「目標を多面的に捉える」に分類しました。興味をそそられるトピックがいろいろあったと思いますが、自己改善の秘訣はシンプルなポイントに凝縮されます。先回りして考えることや、辛い時期を乗り越えること、そして、将来の成功を最大限引き出せるように、あるべき自分の姿をより具体的に心に思い描くことが大切です。

次の第2章では、自分のチームや、その他の利害関係者に影響力を行使する方法を取り上げました。リーダーになる際、あなた自身の成長のニーズを学ぶことと同じかそれ以上に重要なのは、利害関係者のニーズを学ぶことです。この章のテーマは「コミュニケーション」「共感」「思いやり」の3つで、チームとして最大の成果を挙げたい場合、あなた自身に費やすよりさらに多くの努力を相手に傾けることが肝心です。熱意がなければ他人を育てることはできません。

続く第3章では、生産性をテーマに、現在の仕事のプロセスを構造化して、補完する便利なツール、つまり高い生産性を実現するための具体的な手法を紹介しています。一見当たり前すぎる原則が並んでいるかもしれませんが、整然としたプロセスをもつリーダーになるためには基本をしっかり実行することが大切です。

さらに第4章では、より高度な6つの原則を取り上げました。最後の2つ「新たな人生に対する心構えを持つこと」「リーダーに必要な資質を認識すること」は、あなたのキャリア全体を通じて特に大切なことです。できるだけ早い時期から、この2点を考慮しておくとともに、必要に応じて途中で変更できる柔軟性も求められます。

最後の第5章では、すべての原則にまたがる「リーダーを際立たせる卓越した思考力」

をテーマに取り上げました。「なぜ」「どのように」と自問して、あなたの思考の世界を豊かにしましょう。また、自分の考えを掘り下げるためには、紙に書き出してみてください。前述の通り、経営コンサルティング業の祖であるマービン・バウアーは「上手に書くことで考えを研ぎ澄まし、本質を引き出すことができる」と言っています。

いかがでしょう。自分自身を高め、自分以外の人間を育て、プロセス管理に卓越し、正念場を乗り越える成長策を意識し、すべての原則にまたがる思考力を読み取っていただけたでしょうか。本書の狙いを意識しながら、紹介した原則を実践し、習慣化して、みなさんの能力につなげていってくだされば と願っています。

また本書には、私がマッキンゼーで色濃く影響を受けたリーダーシップに対する考え方が反映されています。ご存じの方も多いと思いますが、マッキンゼーではリーダーシップが非常に重んじられ、「リーダーは持って生まれた資質でなく、作られるものだ」と言われました。リーダーといえば、「組織にひとりだけ」あるいは「集団の上位者」という発想でいてはいけない、というわけです。誰もが、あらゆる場面でみずから意思決定を下し、成果を上げていく〝リーダーシップ〟を持つべきだという考え方が徹底されていました。

事実、入社1日目から自身がリーダーになることを求められ、その後も、多岐にわたるリーダーシップ研修を受講する機会を与えられました。入社後9～12カ月後には1週間にわたる研修が始まり、その後10年間はほぼ毎年繰り返されます。研修の主眼は、リーダーに必要なさまざまなタイプのツールやプロセス、問題解決手法を手ほどきすることだけでなく、早期に〝リーダーシップ意識〟を植えつけることにありました。

私はそこで、多くの人にとってリーダーになるための最大の障害は、「自分がリーダーになれることをしっかり認識できていないこと」、そして、「そのために自分の潜在能力を最大限に発揮できないこと」である、と知りました。

マッキンゼーではリーダーシップを細分化して「クライアント・リーダーシップ」「問題解決リーダーシップ」「チーム・リーダーシップ」「知識／機能リーダーシップ」「起業リーダーシップ」など早い段階で提示してくれます。すると、このなかで自分の得意分野をいち早く見つけて強化できるのと同時に、不得意分野（マッキンゼー流に言うと「成長すべき分野（ディベロプメント・ニーズ）」）も認識できます。このようにリーダーシップをさまざまな側面から学ぶと、一人ひとりの成長に必要な特性が分かりやすく、習得しやすいので、非常に便利です。

しかも、良いリーダーの定義はひとつではありません。リーダーは十人十色です。

アップル社を創業したスティーブ・ジョブズは、ご存じの通り類まれなビジョンを持つカリスマ的存在でした。一方、その後継者であるティム・クックは堅実なタイプの経営指導者です。ジョブズと対比されると少し地味にも映りましたが、まったく違ったタイプの資質を備えたリーダーのもと、巨大企業アップル社の時価総額はジョブズの死後も約2倍になるまで上昇し続けました。[*1]

マッキンゼーにおいても、「(幹部層である)プリンシパルやディレクターにはタイプのよく似た人はほとんどいない」と、社内外の多くが口をそろえて言うことです。

本書でも、仕事のルールを示すとともに、誰もがリーダーになるための仕事の進め方を紹介してきたつもりです。ですから、あなたが目指すのも、あなたらしいリーダーでいいのです。あなたに合ったリーダー像を磨き上げていってください。

最後になりましたが、次の方々には、数々のミーティングやインタビュー、実地指導で大変お世話になったことを心から感謝申し上げます(敬称略、アルファベット順、*印はマッキンゼーの方々)。

ピーター・ブラッド、ダイアン・デュカーム*、ティム・ファウンテイン*、ティナ・ホウ*、ウルリッヒ・ヒューバー*、ジェームズ・ホアン、ローレント・キネット*、岡玄樹*、ラジェシュ・パレ*、フェリックス・ポー*、デイブ・ロジャーズ*、坂本貴則*、ジョンミン・ソン*、カイ・シェン*、重松路威*、ジョナサン・ウォーツェル*、ハーゲン・ウルファース*、カレン・ヨー、フォレスト・チャン*、チャンキン・チェン*の各位。また、長年、私にインスピレーションを与えてくださった、ウーター・アギナ*、グウェン・ブランディン*、キンバリー・ボーデン*、ジェイソン・テェン*、岩谷直幸*、デイビス・リン*、ロバート・マシス*、デリック・ミウ、ヒョス・パーク*、フィリップ・ラドキ*、ビル・ワイズマン*の各位。

みなさん一人ひとりが、どれほど多くの時間と知恵を私に与えてくださったかを、言葉で言い尽くすことはできません。みなさんの支えとご意見のおかげで、はるかに洗練されたアウトプットに仕上げることができました。

なかでも次の方々には特別な謝意を表させていただきます。ジョンミンは、構成について貴重なアドバイスをくれました。また「他に誰が紹介しましょうか？」と協力を申し出てくれて、強力なサポーターがいてくれることを非常に心強く感じました。ダイアンは、さまざまな原則についてブレインストーミングを経て細分化してくれました。また「この書類持っていったら？」とすぐに忘れそうになる私に言ってくれてありがとう。ティムは、ある朝シドニーで、信じられないほど長い時間を費やして、リーダーに関する議論に付き合ってくれました。ティム、私にあなたの著書の指南役が務まるか分からないけど、いつでも喜んで話に付き合います（あなたの秘密のアイデアは誰にも漏らしませんから）。

また、マグロウヒル出版社の編集者ノックス・ヒューストンは、時差があるにもかかわらず、素晴らしい仕事ぶりで私を導いてくださいました。また、説得力のある本を執筆するための基本を仕込んでくれたことに感謝申し上げます。できるだけ明快な構成にしたい、という私の希望を叶えてくださいました。

最初の読者である、ユンソク・チュウとデリック・ミウにもお礼を申し上げます。ユンソク、君の公平率直で時宜を得たフィードバックがなければ、私は最初の一里塚にも到達できませんでした。また、法律上の助言も含め、出版の全過程を通じて力を貸してくれたことにも感謝しています。本当に素晴らしい旅でした。君がいなかったら、この旅を終えられませんでした。デリック、温かい励ましの言葉をありがとう。君に刺激され、最善を尽くすことができました。理想的な親友である2人に感謝しています。

最後に、妻のカルメンに一生の感謝を込めて。彼女なしには、私はこのプロジェクトを理解することさえできなかったでしょう。愛情あふれる思慮深いパートナーに恵まれて本当に幸運でした。父・和伸と母・範子には、私が自分の将来について見つめ直している間、居心地の良い実家で過ごさせてくれたことに感謝します。この人生で何でもできると確信が持てるのは、2人のおかげです。そして兄・知宏は、精神的な支えになってくれて感謝しています(そもそも私の長い旅が始まったのは、2004年に兄が「このチャンスをつかんで台湾に行け」と言ってくれたことがきっかけでした)。また、兄の親友であり著書のあるデビッド・ロフは、執筆の経験を分かち合ってくれて、私も挑戦してみるようにと励ましてくれたことにお礼を申し上げます。クリスティ、トム、フォンヤン、ショウメイにも、励ましてくれたことに改めて感謝します。そして、日本語版出版を担当してくださったダイヤモンド社の柴田むつみ氏にも感謝します。読者視点から内容を捉えていただけました。

私の素晴らしい旅の間にたくさんの刺激を与えてくれた、東京、サンフランシスコ、トロント、ニューヨーク、台北、上海、シドニー、クイーンズランドの街にも感謝!

最後に、読者のみなさんの旅にも幸運が訪れることを祈ります!

2016年6月

服部　周作

［著者］
服部周作（Shu Hattori）
経営コンサルタント。カナダ・マギル大学商学部卒業、政府奨学生として国立台湾大学卒業（経営学修士）。マッキンゼー・アンド・カンパニーにて、アジア、北米、ヨーロッパなど7か国における先端技術産業、ハイテク産業、メディア産業分野のプロジェクトに従事し、2015年独立。日中を市場とする求人ポータルサイト運営など、ベンチャー設立経験も複数有する。日本語と英語を母国語とし、中国語も堪能。初の著書として、米国にて2015年11月に『THE McKINSEY EDGE』（McGraw-Hill Education）を刊行し、本書はその本人による邦訳版である。

47原則——世界で一番仕事ができる人たちはどこで差をつけているのか？

2016年7月7日　第1刷発行
2016年7月21日　第2刷発行

著　者——服部周作
発行所——ダイヤモンド社
〒150-8409　東京都渋谷区神宮前6-12-17
http://www.diamond.co.jp/
電話／03·5778·7236（編集）　03·5778·7240（販売）

装丁·本文デザイン——小口翔平＋上坊菜々子（tobufune）
図表作成——うちきば がんた
翻訳協力——瀧下哉代（トランネット）
校正————穂先寿和（聚珍社）
DTP ———桜井 淳
製作進行——ダイヤモンド・グラフィック社
印刷————信毎書籍印刷（本文）・加藤文明社（カバー）
製本————川島製本所
編集担当——柴田むつみ

ISBN 978-4-478-06889-2